高等学校公共课教材

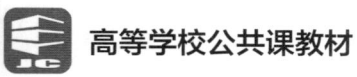

大学体育

郑红艳　编著

DAXUE
TIYU

中国轻工业出版社

图书在版编目（CIP）数据

大学体育 / 郑红艳编著． -- 北京：中国轻工业出版社，2025.1． -- ISBN 978-7-5184-5124-1

Ⅰ．G807.4

中国国家版本馆CIP数据核字第2024UH5813号

责任编辑：张　晗　　　　　责任终审：高惠京　　　　设计制作：锋尚设计
策划编辑：张　晗　王庆霖　　责任校对：朱　慧　朱燕春　责任监印：张　可

出版发行：中国轻工业出版社（北京鲁谷东街5号，邮编：100040）

印　　刷：三河市万龙印装有限公司

经　　销：各地新华书店

版　　次：2025年1月第1版第1次印刷

开　　本：787×1092　1/16　印张：10.5

字　　数：235千字

书　　号：ISBN 978-7-5184-5124-1　定价：45.00元

邮购电话：010-85119873

发行电话：010-85119832　010-85119912

网　　址：http://www.chlip.com.cn

Email：club@chlip.com.cn

版权所有　侵权必究

如发现图书残缺请与我社邮购联系调换

240252J1X101ZBW

前言

体育,作为人类社会发展的一个重要标志,不仅展示了一个国家的综合国力和社会文明程度,更是关系到每一个公民的健康和民族的强盛。在我国的教育体系中,体育占据着举足轻重的地位。特别是在大学阶段,体育在促进我们体魄强健、身心健康方面发挥着重要作用。大学体育是高校课程体系的重要组成部分,是将科学文化教育、思想道德教育、心理健康教育、体育技能教育与身体活动有机融合的一个重要过程,是对高校青年学生进行培育和塑造的重要途径。

本教材共分为八章。第一章、第二章介绍基础理论,使大学生了解体育的起源和发展、体育的功能、体育与健康的关系、体育文化的相关概念,以及大学体育课程的作用、实施途径等;第三章至第八章介绍轮滑、球类、瑜伽、太极拳、跆拳道、武术、游泳这些基础运动项目,使大学生掌握这些运动项目的基本技术与技巧。本教材体现以人为本的特征,结合高校体育教学的实际需要,在继承和发扬传统高校体育教学的基础上,力求贴近现阶段高校学生的现状和特点,同时更新观念,增加新概念和新知识,在内容的选择上注重实用性、科学性、系统性、趣味性,不仅满足高校体育课程的"教"与"学",更为学生的"终身体育"打好基础。

本教材具有以下特点:第一,贯彻"立德树人"的根本任务。教材内容深入挖掘体育运动的文化价值,让新时代大学生在体育教育和运动技能的学习过程中,更好地践行社会主义核心价值观和学习中华民族的优秀传统文化,为实现中华民族的伟大复兴贡献自己的青春和力量。第二,树立"健康第一"的指导思想。健康是人类社会发展的永恒主题,大学阶段是接受健康教育的最佳时期,本教材向大学生传授生理、心理、社会适应力等方面的健康新理念,让大学生掌握基本的运动技能,并培养其终身锻炼的意识,使其终身受益。第三,紧扣课程目标和课程标准。教材内容立足于大学体育教学的基本要求,紧扣新时代国家对于高校教学的新要求,力求传授给学生更多的运动技巧和方法。

本教材通俗易懂,图文并茂,旨在帮助大学生理解知识,激发体育锻炼的热情,解决锻炼中遇到的实际问题。在编写过程中参考了许多体育界专家、同仁的文献资料,在此表示真诚的感谢。本教材可作为全国高等院校的教学用书,也可作为大众健身人员的指导用书。教材中若有不完善之处,恳请广大读者批评指正。

编者

目录

第一章 体育与体育文化 ⋯⋯⋯⋯⋯⋯⋯⋯⋯⋯⋯⋯⋯⋯⋯1

第一节 体育概述 ⋯⋯⋯⋯⋯⋯⋯⋯⋯⋯⋯2
一、体育的概念 ⋯⋯⋯⋯⋯⋯⋯⋯⋯⋯⋯⋯⋯2
二、体育的产生 ⋯⋯⋯⋯⋯⋯⋯⋯⋯⋯⋯⋯⋯3
三、体育的发展 ⋯⋯⋯⋯⋯⋯⋯⋯⋯⋯⋯⋯⋯3

第二节 体育的基本功能 ⋯⋯⋯⋯⋯⋯⋯⋯5
一、健身功能 ⋯⋯⋯⋯⋯⋯⋯⋯⋯⋯⋯⋯⋯⋯5
二、娱乐功能 ⋯⋯⋯⋯⋯⋯⋯⋯⋯⋯⋯⋯⋯⋯5
三、教育功能 ⋯⋯⋯⋯⋯⋯⋯⋯⋯⋯⋯⋯⋯⋯6
四、经济功能 ⋯⋯⋯⋯⋯⋯⋯⋯⋯⋯⋯⋯⋯⋯6
五、社交功能 ⋯⋯⋯⋯⋯⋯⋯⋯⋯⋯⋯⋯⋯⋯7
六、社会情感功能 ⋯⋯⋯⋯⋯⋯⋯⋯⋯⋯⋯⋯7

第三节 体育运动与健康 ⋯⋯⋯⋯⋯⋯⋯⋯8
一、现代社会与健康 ⋯⋯⋯⋯⋯⋯⋯⋯⋯⋯⋯8
二、体育运动对健康的影响 ⋯⋯⋯⋯⋯⋯⋯⋯9
三、大学生如何进行体育锻炼 ⋯⋯⋯⋯⋯⋯⋯11

第四节 体育文化 ⋯⋯⋯⋯⋯⋯⋯⋯⋯⋯⋯12
一、体育文化的概念 ⋯⋯⋯⋯⋯⋯⋯⋯⋯⋯⋯12
二、体育文化的内涵 ⋯⋯⋯⋯⋯⋯⋯⋯⋯⋯⋯12
三、体育文化的特征 ⋯⋯⋯⋯⋯⋯⋯⋯⋯⋯⋯13
四、体育文化与现代社会的关系 ⋯⋯⋯⋯⋯⋯14
[思政课堂] ⋯⋯⋯⋯⋯⋯⋯⋯⋯⋯⋯⋯⋯⋯⋯15
[思考与练习] ⋯⋯⋯⋯⋯⋯⋯⋯⋯⋯⋯⋯⋯⋯17

第二章 大学体育概述·················19

第一节 大学体育的地位与作用·················20
一、大学体育的地位·················20
二、大学体育的作用·················20

第二节 大学体育的实施途径·················22
一、体育课程·················22
二、课外体育活动·················23

第三节 大学体育俱乐部模式·················24
一、体育俱乐部概述·················24
二、体育俱乐部的组织形式·················25
三、体育俱乐部的实施方法·················25

[思政课堂]·················26
[思考与练习]·················27

第三章 轮滑运动·················29

第一节 轮滑运动概述·················30
一、轮滑的概念·················30
二、轮滑运动的种类·················30

第二节 轮滑运动基本知识与基本技术·················33
一、轮滑运动基本知识·················33
二、轮滑运动基本技术·················35

第三节 轮滑运动的安全与保护·················47
一、安全常识·················47
二、自我保护·················47
三、轮滑运动常见损伤处理·················48

[思政课堂]·················50
[思考与练习]·················51

第四章 球类运动（一）——篮球、足球、排球 ………… 53

第一节 篮球运动 ………… 54
一、篮球运动概述 ………… 54
二、篮球运动基本技术与战术 ………… 57

第二节 足球运动 ………… 66
一、足球运动概述 ………… 66
二、足球运动基本技术 ………… 67

第三节 排球运动 ………… 74
一、排球运动概述 ………… 74
二、排球运动基本技术 ………… 76

［思政课堂］ ………… 80
［思考与练习］ ………… 81

第五章 球类运动（二）——乒乓球、羽毛球、网球 ……… 83

第一节 乒乓球运动 ………… 84
一、乒乓球运动概述 ………… 84
二、乒乓球运动基本技术 ………… 85

第二节 羽毛球运动 ………… 90
一、羽毛球运动概述 ………… 90
二、羽毛球运动基本技术 ………… 93

第三节 网球运动 ………… 96
一、网球运动概述 ………… 96
二、网球运动基本技术 ………… 99

［思政课堂］ ………… 103
［思考与练习］ ………… 104

第六章 瑜伽运动 ………… 105

第一节 瑜伽运动概述 ………… 106
一、瑜伽的产生与发展 ………… 106

二、瑜伽运动的特点 …………………………………… 106
　　三、练习瑜伽的注意事项 ……………………………… 107

　第二节　瑜伽呼吸法与冥想 ……………………………… 109
　　一、瑜伽呼吸法 ………………………………………… 109
　　二、冥想在瑜伽中的具体作用 ………………………… 110

　第三节　瑜伽基本体式与做法 …………………………… 111
　　一、山式坐姿 …………………………………………… 111
　　二、平常坐 ……………………………………………… 111
　　三、金刚坐 ……………………………………………… 112
　　四、山式站姿 …………………………………………… 112
　　五、直角式 ……………………………………………… 112
　　六、站立前屈伸展式 …………………………………… 113
　　七、展臂式 ……………………………………………… 113
　　八、蛇伸展式 …………………………………………… 113
　　九、风吹树式 …………………………………………… 114
　　十、三角伸展式 ………………………………………… 114
　　十一、站立腰扭转式 …………………………………… 114
　　十二、仰卧扭脊式 ……………………………………… 115
　　十三、树式 ……………………………………………… 115
　　十四、船式 ……………………………………………… 116
　　十五、下犬式 …………………………………………… 116
　　十六、犁式 ……………………………………………… 116
　　十七、骑马式 …………………………………………… 117
　　十八、猫伸展式 ………………………………………… 117
　　十九、大拜式 …………………………………………… 118
　　二十、婴儿式 …………………………………………… 118

　［思政课堂］………………………………………………… 118
　［思考与练习］……………………………………………… 119

第七章　太极拳运动 ……………………………………… 121

　第一节　太极拳运动概述 ………………………………… 122
　　一、太极拳运动的概念与发展 ………………………… 122
　　二、太极拳运动的特点 ………………………………… 122

三、太极拳运动的养生与健身功效……124

第二节 二十四式太极拳……125
 一、起势……125
 二、左右野马分鬃……125
 三、白鹤亮翅……127
 四、左右搂膝拗步……127
 五、手挥琵琶……128
 六、左右倒卷肱……128
 七、左揽雀尾……129
 八、右揽雀尾……130
 九、大单鞭……131
 十、云手……131
 十一、小单鞭……132
 十二、高探马……132
 十三、右蹬脚……132
 十四、双峰贯耳……133
 十五、转身左蹬脚……133
 十六、左下势独立……134
 十七、右下势独立……134
 十八、右左穿梭……135
 十九、海底针……135
 二十、闪通臂……136
 二十一、转身搬拦捶……136
 二十二、如封似闭……137
 二十三、十字手……137
 二十四、收势……137

[思政课堂]……138
[思考与练习]……138

第八章　其他体育项目……139

第一节 跆拳道运动……140
 一、跆拳道运动概述……140
 二、跆拳道运动基本技术……143

第二节 武术运动……………………………………145
　　　一、武术运动概述………………………………145
　　　二、武术运动基本技术…………………………147
　　第三节 游泳运动……………………………………149
　　　一、游泳运动概述………………………………149
　　　二、游泳运动基本技术与安全知识……………150
　　［思政课堂］………………………………………154
　　［思考与练习］……………………………………156

参考文献……………………………………………………157

第一章

体育与体育文化

学习目标

❶ 了解体育的概念及其发展历程。
❷ 了解体育的基本功能。
❸ 掌握体育运动与健康的关系。
❹ 正确认识体育文化。
❺ 了解我国体育文化建设取得的成绩。

第一节
体育概述

一、体育的概念

"体育"是一个外来词,其英文为"physical education",直译为"身体的教育",简称"体育"。然而,这个词的演变过程远比其字面意义更为丰富和复杂。"体育"一词最早出现的时间大约是19世纪。在此之前,18世纪的西方教育中,打猎、游泳、爬山、赛跑、跳跃等活动已被列为教育内容,但尚未有统一的名称。18世纪末,德国人约翰·古茨穆茨(Johann GutsMuths)将这些活动分类、综合,统称为"体操"。进入19世纪,随着德国新的体操体系的形成和欧美各国的广泛传播,以及多种新运动项目的相继出现,学校也逐渐开展了更多超出原来体操范围的运动项目。这一变革标志着"体育是以身体活动为手段的教育"这一新概念的逐渐形成。因此,在相当长的一段时间里,"体操"和"体育"两个词并存,相互混用,直到20世纪初才逐渐在世界范围内统一称为"体育",成为国际通用的术语。

在中国古代,与"体育"相近的词有"养生""导引""角力""武术"等。19世纪末,随着近代体育的传入,中国也开始使用新的专用词汇。最初,中国引入了国外的新式兵操,并将其纳入教育制度中,当时称之为"体操"。当时政府明文规定,各级各类学校都要开设"体操科"。在此期间,田径、球类等运动项目也陆续传入中国,于是,"体育"一词也逐渐被启用。同样,中国也经历了一个"体操"与"体育"二词并用的过程,直到1923年,在当时的新学制课程标准起草委员会公布的《中小学课程纲要草案》中,才正式将"体操"一词改为"体育","体操科"改为"体育课"。

对"体育"含义的认识,我国也经历了一个过程。中华人民共和国成立后,经过多次学术讨论,对体育有了比较统一的解释。一般认为,体育是一项以增强体质为主要目的的教育活动,是社会文化的重要组成部分。它以身体练习为基本手段,遵循人体生长发育和机能活动规律,旨在增强体质、提高运动技术水平、丰富社会文化生活,并促进精神文明和物质文明的发展。

从体育(广义)的内涵来看,它包括两个基本部分和两种属性:一是作为体育方式、手段和方法的人体运动部分,这部分具有继承、交流、借鉴、吸取的自然属性;二是运用这种手段和方法来实现社会所规定的体育的目的、法令和制度部分,即社会属性。体育的本质就是这两种属性相结合的产物。

从体育(广义)的外延来看,尤其是现代体育,其范围又包括学校体育、大众体育和竞技体育三个部分。学校体育是现代体育的基础,与德育、智育、美育等相配合,旨在有目的、有计划、有组织地促进学生身体的全面发展,增强体质,传授体育的知识、技能和技术，培养道德品质和意志。大众体育是以健身、健美、医疗、娱乐为目的的一种群众性的健身活动，内容丰富、形式多样、因人而异。竞技体育则是为了最大限度地发挥和提高个人和集体在体格、体能、心理及运动能力等方面的潜力，以取得优异成绩为目的而进行的科学的、系统的训练和竞赛。这三个部分各有不同的内容和特点，但都是通过身体练习来全面发展身体、增强体质，并具有教育、教学的因素。它们既相互区别，又相互联系、渗透，共同构成了现代体育的整体。

二、体育的产生

体育，作为人类社会特有的文化现象，其产生并非一蹴而就，而是经历了漫长而复杂的演变过程。它不仅仅是一种简单的身体活动，更是人类社会生产、生活、生理和心理需求的集中体现。生产劳动作为体育产生的"主要源泉"，对体育的产生起到了决定性的作用。然而，我们不能忽视的是，体育的产生也是多元化的，它还源自人类社会的多种需求。

体育的产生首先与人类社会的生产活动紧密相连。原始社会时期，人们为了生存，不得不进行各种繁重的体力劳动，如捕鱼、狩猎、农耕等。这些劳动不仅需要人们具备一定的生活技能，如走、跑、跳、攀、爬等，还需要具备团队协作能力、竞争意识和坚强的意志。因此可以说，生产劳动是体育产生的基本源泉。

体育的产生并非仅仅源于生产劳动，随着人类社会的发展，人们对体育的需求也逐渐多样化。一方面，人类社会的生产活动要求人们不断提高劳动效率，这就需要人们通过体育锻炼来具备更高的身体素质和技能水平。另一方面，人类的生理和心理活动也需要得到适当的调节和满足，体育活动成为人们释放压力、愉悦身心的重要方式。

体育的产生还与军事、医疗卫生等密切相关。在古代社会，体育活动常常与军事训练相结合，培养人们的战斗技能。同时，古代的生存条件非常严酷，自然环境恶劣，加上各个部落间的争斗，使人们的健康和生命无法得到保障。阴康氏的"消肿舞"，《黄帝内经》中的"导引按跷"等都是治疗由于环境、气候等所造成的身体疾病而进行的身体活动。这些既是医疗手段，又是健身活动，以后逐渐发展成各种成套的保健体操，健身的目的更加明确，体育的因素也进一步得到加强。

三、体育的发展

（一）西方体育的发展历程

西方体育的发展可以追溯到古希腊和罗马帝国时期。在古希腊，体育活动被视为开展身体锻炼、培养勇气和团队合作精神的重要手段。古希腊的奥运会也是世界上最早的体育盛会之一，吸引了来自不同城邦的运动员聚集一堂进行竞技。随着罗马帝国的兴起，体育活动在罗马社会中也占据了重要地位。罗马帝国以其战争和征服欧洲大陆而闻名，体育活动是其训练士兵和展示军事力量的手段。此外，罗马帝国还设有各种体育场所，如角斗场和马赛场，供观众观赛。

然而，随着古希腊和罗马帝国的衰落，体育活动在中世纪的欧洲变得较为边缘化。中世纪的欧洲主要以战争和宗教活动为主，体育活动受到限制和压制。直到文艺复兴时期，体育活动才重新兴起。文艺复兴时期的欧洲注重人文主义思想的发展，倡导人体的完美、健康和艺术表现。因此，体育活动相应地成为一种追求健康、展示身体和追求美的方式。

18世纪的欧洲被认为是现代体育发展的关键时期。工业革命催生了城市化和工业化的浪潮，这种社会转型也推动了体育活动的发展。这一时期的英国是体育发展的重要引领者，其中最为著名的就是英式足球和板球。

19世纪，体育组织和规章制度的建立进一步推动了西方体育的发展。成立于1894年的国际奥林匹克委员会，为体育竞技的全球化提供了支持。同时，体育运动在学校教育中也得到了重视，年轻人得到更多的体育锻炼和竞技机会。

20世纪以来，西方体育发展迅猛。大型体育赛事的兴起，如世界杯足球赛和奥运会，使体育竞技成为全球范围内的盛事。同时，体育科学和训练方法的不断进步，也提升了运动员的体能水平和竞技水平。

总的来说，西方体育的发展经历了从古希腊和罗马帝国时期的兴起，到中世纪的边缘化，再到文艺复兴和工业革命时期的复兴和发展，最终形成了现代体育的模式。体育在西方社会扮演着重要角色，它不仅是一种娱乐活动，更是健康生活的象征。

（二）我国体育的发展历程

中国体育的历史非常悠久，从古至今，随着时代的发展，中国体育事业不断发展，形成了自己独特的体育文化。

早在先秦时期，诸子已经把体育视为学习的一种内容，列入学习科目之中。孔子、孟子等人，更是把体育素质融入儒家的礼仪文化当中，从而实现了体育文化的发展。

汉代文学著述中，体育在总结人的天赋才能和栽培人方面，更是非常重要，体育运动被认为是修德手段，发挥出了品德培养的功能，形成了一定的体育文化精神。

唐宋时期的体育发展经历了显著的变化和进步，武术在唐代十分盛行，而宋代的体育项目多样，蹴鞠、马球等运动参与人群十分广泛。此外，唐宋时期的体育文化发展到了顶峰，形成了"折桂赛"和"跨海比赛"等体育节活动，出现了各种体育类书籍，体育也开始成为一种民间文化。然而，随着唐、宋文化的衰亡，体育文化亦日趋低迷。

明清时期，中国体育掀起了新的浪潮，重视体育文化的传播，体育运动项目以健身为主，武术、摔跤、冰嬉等项目较为活跃，并在当时取得了一定的成就。但随着封建社会经济、政治日趋衰退，清中期后，传统的体育活动逐渐没落。

近代以来，中国的体育运动受到科学发展的影响，开始借鉴、吸收世界上的先进体育理论和体育技术，不断探索体育运动的社会化、商业化，实现体育运动的规范化，并把体育运动带到国际舞台上。

中华人民共和国成立后，体育事业受到了特别的重视，又一次起步，全国各类体育赛事开始盛行，深入到基层，许多体育项目竞赛风靡全国，促进了中国体育文化的发展。特别是随着2008年北京奥运会的成功举办，我国的体育发展迎来新的飞跃，由鼎力支持竞技体育转向全面发展大众体育。

体育的产生与发展，与人类社会的产生与发展紧密相连，与人类社会的文明程度相适应。现代体育的兴起是文明社会的标志之一，它已经成为一种普遍的社会现象，渗透到社会的各个阶层和领域。

第二节 体育的基本功能

一、健身功能

体育，作为人类的一种独特活动形式，其核心在于通过身体运动来参与和体验。这种直接的身体参与，正是体育最本质的特点，也是其魅力所在。正因为这种特点，体育在健身方面发挥着不可替代的作用。

首先，体育能够增强体质，促进身体健康发展。从生理层面来看，科学的体育运动能够极大地促进人体的新陈代谢和血液循环。当我们在运动时，身体的每一个细胞都在活跃地工作，血液在血管中快速流动，为身体的各个部位输送氧气和营养物质。这种活动不仅改善了大脑的供血情况，加速了新陈代谢，还优化了中枢神经系统对各器官系统的调节作用。长期坚持体育运动，能够使我们的生理发育更加完善，身体素质水平得到显著提升，基本活动能力和适应能力也随之增强。

其次，体育对人的精神心理具有积极作用。当我们投身于体育活动中时，不仅能够感受到身心的愉悦和舒畅，还能在运动中锤炼自己的意志。体育运动可以帮助我们培养勇猛、顽强、积极向上的品质，提升我们的观察力、注意力、想象力和思维力。这些心理上的积极变化，不仅能够提高我们的工作效率和生活质量，还能在一定程度上延长我们的寿命。

二、娱乐功能

体育不仅能够满足人们在生理、心理层面的需求，更能为人们带来积极、欢悦的体验。随着时代的进步和科技的发展，现代体育已经向难度更大、更新颖、更尖端、更高水平的方向迈进。

在体育竞技场上，杰出的运动员们通过精湛的技巧和不懈的努力，将身体控制到了极致。他们展现出的健、力、美的完美结合，令人赞叹不已。同时，运动员们通过和谐韵律与鲜明节奏的巧妙配合，呈现出抒情诗般的艺术造型，使得体育比赛不仅仅是一场竞技的较量，更是一场视觉与心灵的盛宴。观众在观看比赛时，仿佛置身于优美的舞蹈、线条明快的雕塑、光线和谐的摄影艺术之中，享受着无与伦比的美感和愉悦。

然而，体育的魅力并不仅仅局限于观赏。对于参与者而言，体育运动同样具有巨大的吸引力。通过参加体育运动，人们不仅能够锻炼身体、提高身体素质，更能够在完成各种复杂练习的过程中体验到一种难以言喻的愉悦感受。在克服困难的过程中，人们能够感受到自己的成长与进步，从而极大地激发自尊心、自信心和自豪感。这种自我实现和超越的过程，使得体育运动成为一种极具价值的自我提升方式。

三、教育功能

体育，作为教育的重要组成部分，其产生与发展始终与各个时期的教育紧密相连。在人类社会的初期，即原始社会，人们为了生存，不得不学会各种基本的生活技能，如准确地投掷石块、猎取食物以及抵御外敌的袭击。这些技能的学习过程，实质上就是一种"身体教育"，通过这种形式，原始人类培养了生存所必需的基本能力。这种原始的教育形式，也孕育了体育的雏形。

进入现代社会，体育的重要性更加凸显。如今，体育不仅仅是一种身体的锻炼方式，更是培养全面发展人才的重要手段。世界各国纷纷将体育列为教育中的必修课，通过体育课程，学生们可以锻炼身体，提高身体素质，也可以培养团队合作、竞争意识等重要的社会能力。在我国的教育体系中，体育课更是开设时间最长的一门公共课，这足以说明体育在教育中的重要地位。

体育之所以在教育中占据如此重要的地位，还与其自身的特点密不可分。体育具有群众性、国际性、技艺性和礼仪性等特点，这些特点使得体育成为一种理想的价值观传播载体。例如，体育赛事往往能激发人们的爱国热情，振奋民族精神。在比赛中，运动员们展现出的拼搏精神、团队合作精神以及尊重对手、遵守规则的礼仪行为，都是对观众进行价值观教育的重要内容。

四、经济功能

生产力与社会经济的发展紧密相连，它是衡量一个国家或地区经济发展水平的重要指标。生产力的提高意味着劳动效率的提升、资源的优化配置，以及社会整体生产力的增强。在这一进程中，人的因素起着决定性的作用。人的身体素质、技能和知识水平直接影响着劳动能力的发挥，进而影响到生产力的提升。

体育作为一种培养和提高人的身体素质的重要手段，对于提高生产力具有不可替代的作用。通过参与体育活动，人们可以增强体质，提高身体的耐力和力量，使自己在工作中发挥更大的潜力。同时，体育活动可以培养人们的团队合作精神和竞争意识，提高人们的心理素质和适应能力，这些都是生产力提升的重要因素。

现代体育的发展也为地区和国家带来了可观的经济收入。大型体育比赛能够吸引全球范围内的观众和赞助商，为举办地带来丰厚的经济收益。通过出售电视转播权、门票、体育彩票、纪念币等，可以直接增加经济收入。同时，大型体育比赛还能够促进旅游业和第三产业的发展，拉动内需，带动相关产业的繁荣，从而间接地促进国民经济的发展。

体育产业的发展也为社会提供了更多的就业机会，从运动员、教练员到裁判员、志愿者，从体育器材的生产到体育场馆的建设，都需要大量的劳动力参与。这些就业机会的创造，不仅为社会提供了更多的经济收益，也为人们提供了更多的职业发展机会，促进了社会的稳定和繁荣。

五、社交功能

在人际交往中，体育运动发挥着重要的作用，特别是在集体项目中，需要众多人员通过默契配合、集体合作、顽强拼搏方能取得胜利。这样的过程不仅锻炼了参与者的体魄，更深化了他们之间的情感联系和友谊。

集体项目如足球、篮球、排球等，需要每个队员在场上发挥自己的特长，同时也要与队友紧密配合，共同应对对手的挑战。在长时间的训练和比赛中，队员们相互扶持、相互鼓励，形成了一种特殊的团队精神。这种团队精神不仅仅体现在比赛中的默契配合，更体现在日常生活中的相互关心和帮助。通过这样的交往，人们之间的情感得到了交流，友谊得到了加深，从而增强了社会的凝聚力。

体育竞赛不分民族、不分地域，按照竞赛规则公正、公开、公平地参与各种不同的竞赛活动。这种平等、公正的竞争环境为各国运动员提供了一个展示自己才华的舞台。在比赛中，各国运动员通过切磋技艺，彼此增加了解，加深友谊，从而促进了各国、各民族的团结。例如，在日本名古屋举行的第三十一届世界乒乓球锦标赛中，中、美两国运动员在比赛中建立了友好关系，这种友好关系在随后的日子里不断发展，为中美两国的建交创造了良好的条件。这充分证明了体育运动在国际交往中也同样具有重要作用。

六、社会情感功能

体育在社会心理稳定性方面发挥着不可忽视的作用。体育运动的特点，使得它能够激发人们的情感，调整失衡的心理状态，从而有助于维护社会的和谐稳定。

社会心理稳定性是指社会成员在心理层面的平衡和谐状态，它是社会秩序的基石，是社会发展的重要保障。当个体的需求与社会的需求基本一致时，人们能够积极向上，遵守社会规范，为社会做出贡献。然而，由于各种原因，一些人可能会出现心理失衡，表现为对生活的消极态度，甚至产生变态心理。这种心理失衡不仅影响个体的健康和生活质量，还可能对整个社会的稳定造成威胁。但是，当人们在运动中体验到成功的喜悦、感受到团队合作的力量、领略到挑战自我的乐趣时，他们的心理状态会变得更加平衡、健康。同时，体育运动培养人们的坚韧品质和积极向上的生活态度，这些都是维护社会心理稳定性的重要因素。

以我国运动员在国际比赛中取得优异成绩为例，这不仅是对运动员个人能力的肯定，更是对整个国家形象和民族精神的提升。当人们看到运动员们为国家争光、为民族争气时，他们的民族自豪感和自信心会得到极大的增强。这种情感共鸣和心理满足，有助于激发人们的爱国热情和社会责任感，进一步促进社会的和谐稳定。此外，体育运动还具有普及性和参与性强的特点，无论是城市还是乡村，无论是老人还是孩子，都可以在体育活动中找到属于自己的乐趣和满足感。这种广泛的参与性，使得体育运动在维护社会心理稳定性方面发挥出更大的作用。

第三节
体育运动与健康

一、现代社会与健康

（一）现代健康观

世界卫生组织（WHO）提出的健康新概念是：健康不仅仅是没有疾病和不虚弱，还应包括心理健康和社会适应能力。也就是说，健康是在身体上、精神上和社会交往上保持健全的状态。上述三个方面的有机结合，可构成人生命质量的有效提升。许多健康者的经验告诉我们，个体的生命质量越高，健康长寿的可能性就越大。相反，个体如果心理压抑和自我封闭，则极易产生疾病，缩短寿命。这也说明，一个人只有从生理、心理和社会交往三个方面着手，才能提高生命质量，保证健康、幸福的生活。

（二）现代社会中的健康问题

1. 不良生活方式

不良生活方式涉及的范围十分广泛，主要表现有：吸烟、酗酒等不良嗜好；迷恋电脑游戏、上网等成瘾行为；暴饮暴食、过多摄入脂肪和糖的不良饮食习惯与方式；缺乏体力活动，特别是体育锻炼的不良行为；熬夜、睡眠不足等无规律的不良行为方式。

美国国家健康教育和福利协会指出："我们正用自己的不良习惯杀死自己。"人的生活方式既是健康状况的反映，又对人的健康产生巨大的影响。不良生活方式直接或间接危害人类的健康，具有潜伏期长、影响广泛的特点。一方面，不良生活方式广泛存在于人们的日常生活中，往往不能引起人们的重视；另一方面，不良生活方式不容易改变，因此它比其他因素对健康的危害更大。流行病学相关研究证实，不良生活方式与糖尿病、高血压、冠心病、骨折、癌症等非传染性疾病密切相关，而且也是感染性疾病、精神疾病等的重要危害因素。

2. 精神压力大

随着社会的进步和生产力的进一步发展，以传送带、自动化为代表的生产方式不仅夺去了劳动者劳动生产的喜悦，还使他们增加了厌倦感。由于追随机器工作，劳动者的精神紧张程度越来越高，精神疲劳大大增加。此外，由于竞争的加剧，生活节奏的加快，人际关系的复杂，人们承受的压力越来越大，各种心理疾病的发病率快速增长，无情地破坏着人们的健康。

3. 人体免疫功能下降

现代物质条件的极大丰富尽管为人类提供了卫生良好和极其舒适的生活环境，但由于对自身的过度保护，反而使机体接触病原体的机会相对减少。通常来说，人体的两大免疫系统（体液免疫和细胞免疫）都必须通过病原体才能产生相应的抗体。如果长期生活在一尘不染的环境中，即使可以免受细菌侵害，机体也会因缺乏相应的刺激而使免疫系统逐渐退化。此外，近年来的医学研究成果证实：由精神负担和情感危机导致的消极情感状态会影响免疫系统功能，而积极的情感状态能促进免疫系统的功能，为此精神免疫学得以创建。如果我们长期处于紧张状态，人体内氢化可的松（皮质醇）和肾上腺素增加，不仅抑制免疫功能，同时还会抑制细胞因子的释放，影响免疫球蛋白（抗体）的产生，从而缺乏必要的抗病能力，此时一旦进入有病原微生物的环境，就极容易诱发疾病。

二、体育运动对健康的影响

体育运动有多种形式，如步行、跑步、登山等，通常被称为体育锻炼。运动可以带来生理上的快乐，也可以放松心情，有益于人们的身心健康。

（一）生理上的影响

1. 体育锻炼与消化系统

消化系统是由消化道与消化腺组成。消化系统可把食物转化为身体所需要的营养物质，将它送入淋巴液和血液中，以供身体生长和维持生命所用，并将代谢过程中的残渣排出体外。经常参加体育锻炼，对消化系统的机能有积极作用，可使胃肠的蠕动增强，消化液的分泌增多，从而使消化和吸收的能力提高；也能增加人体对食物的欲望和需要量，有利于增强体质。人的身体发育及脑力与体力劳动都需要大量营养物质，同时，体育锻炼时能量消耗的增加会进一步加快新陈代谢的过程，从而促使胃肠消化机能同步加强。在这种情况下，消化系统分泌的消化液增多，消化道的蠕动加强，胃肠的血液循环得到改善，从而使食物的消化和营养物质的吸收进行得更加充分和顺利。体育锻炼能使呼吸加深，膈肌大幅度上下移动，腹肌大量活动，这对胃肠能产生一种特殊的按摩作用，可增强胃肠的消化功能。

2. 体育锻炼与神经系统

神经系统包括中枢神经系统和周围神经系统。中枢神经系统是指挥整个机体活动的"司令部"。神经系统在人体内起主导作用。人体的一切活动，其本质都是神经系统的反射活动，都是经过感知、分析、判断、作出反应这个过程来完成的。神经系统的活动一方面使有机体各部的活动统一合作，另一方面使有机体与外界环境发生关系，使有机体各系统与外界平衡。

体育锻炼对神经系统的作用主要体现在改善神经系统对糖代谢的调节、提高神经系统的工作能力、提高神经活动的兴奋性等方面。①改善神经系统对糖代谢的调节：运动可以提高肌肉的能量，促进糖的分解和代谢。运动过程中血量增加，毛细血管扩张，使肌肉细胞对糖的利用增加，有助于降低血糖。②提高神经系统的工作能力：长期使用大脑感到疲劳时，通过运动可以使神经细胞得到很好的休息，促进血液循环，给脑组织提供所需的氧气，提高脑组织的工作效率。③提高神经活动的兴奋性：适当的运动可以提高神经活动的兴奋性，有助于条件反射的建立。此外，还能促使中枢神经系统及其主导部分——大脑皮层的兴奋性增强，改善神经系统的均衡性和灵活性，提高大脑综合分析能力。

3. 体育锻炼与运动系统

运动系统主要由骨、软骨、关节和骨骼肌等组成，其主要起支架作用、保护作用和运动作用。人体的运动系统是否强壮、坚实，对人的体质强弱有重大影响。体育锻炼能增强运动系统的功能，例如，骨的质量，关节连接的牢固性、灵活性，肌肉收缩力量的大小和持续时间的长短等，在很大程度上决定人体的运动能力。经常从事体育锻炼，能促进骨的生长，使骨骼长长、横径变粗，骨密度增大，骨重量增加。经常锻炼，也能使肌纤维变粗，肌肉横断面积加大，肌肉收缩能力和张力增强，从而提高肌肉的力量和耐久力。

（二）心理上的影响

现代社会的生活节奏越来越快，人们面对各种各样的挑战，心理负担加重，遭遇挫折和失败的概率随之增多。面对挫折和失败能否泰然处之，能否保持清醒的头脑或稳定的情绪，做情绪的主人，已经是现代人成熟、坚强的标志之一。体育运动有利于人的情绪的控制，具体来说，其对人心理的影响主要表现在以下三个方面。

1. 消除身体疲劳

疲劳是一种综合性症状，既有生理性的，也有心理性的。个人的情绪低落，或任务超出个人能力时，在心理上和生理上都会产生疲劳感。大学生持续紧张的学习压力容易造成身心疲劳和神经衰弱，通过参加体育锻炼，可以提高身体素质和心理素质，提高身体抵抗疲劳的能力，使身心得到放松。

2. 改善情绪状态

情绪状态是衡量体育锻炼对心理健康影响的最重要的指标。不良情绪是导致生理和心理不健康的重要因素之一，而体育锻炼中的情绪体验强烈而深刻，成功与失败、进取与挫折并存，积极情绪和消极情绪的转变已成为常态，因而能降低紧张和不安，给人带来愉快和喜悦，从而调控人的情绪，改善心理健康状况。大学生常常因学习的压力、人际关系的复杂以及对未来前程的担忧而持续产生紧张、焦虑和不安，长期有规律的体育锻炼可以使这些不良情绪得到改善，增强心理承受能力。

体育锻炼和旅游、棋类、文艺、书法、绘画、摄影、雕塑等活动一样，可使人们摆脱以工作、学习为中心的单调生活，拓宽生活空间，充实生活的内容。例如，通过登山、攀岩等方式，可使人们消除孤独感，充实自我，更加贴近大自然、热爱大自然，最大限度地激发自己的本真。

3. 帮助提高智力

体育锻炼对提高脑细胞的功能及工作效率都有很好的促进作用，能为智力发展提供生理基础。研究表明，一般情况下大脑耗氧量占人体总耗氧量的25%，运动时可达到32%。因此，经常参加体育锻炼的人通常头脑清醒、精力充沛，有助于注意力集中稳定、知觉敏锐精确、记忆力提高、想象力丰富、思维灵活。同时，体育锻炼可以使非智力因素，如兴趣、动机、情绪等得到发展，从而使人们兴趣广泛、动机良好、情绪稳定，促进智力的提高。

（三）社会交往上的影响

现如今，通过体育改变生活方式，提高生活质量，把更多的余暇时间投入体育活动中，已经成为一种生活时尚和新的生活概念。大部分的体育运动无须高精尖设备和高规格的场地设施、专门的技术指导，因此，只要能给人带来健康与快乐，就能流行或传播，就有人参与或历练。从个人独立操作到多人共同参与，任何年龄、性别、职业和阶层的人都能找到符合自己需求和爱好的体育项目。体育活动，尤其是团体活动或集体组织的各项体育活动，为乐于运动和渴望结交朋友的人们提供了一个相互认识、相互学习交流的平台。通过体育锻炼，运动者广泛参与社会交际，同时，把体育运动中的团结拼搏精神、比赛经验转化到学习和工作中去，也是一种启发、一种收获。在人际关系日益疏远的现实社会中，体育运动中的集体主义精神值得借鉴和弘扬。

三、大学生如何进行体育锻炼

要想科学地安排体育锻炼，提高锻炼效果，避免伤病事故，就必须注意科学的体育锻炼技巧：①注意动作速度。只要进行肌肉动力性力量练习，就存在动作速度问题，负荷和速度之间有着密切关系，负荷越大，速度就越小。锻炼者要根据运动项目的要求合理安排。对于大学生来说，爆发力是非常重要的，在力量练习时，选择适宜的负荷，尽量加快动作速度，对提高肌肉的爆发力十分有益。②控制好练习次数，把握好运动的量。对于一般体育锻炼者来说，没有必要每天都进行力量训练，即使是为了专门发展肌肉力量，采用隔天力量练习，也足以取得理想效果。如果每天都进行力量练习，不仅提高肌肉力量的效果不明显，而且还会造成整体机能的不协调发展。③做好准备工作。进行体育运动前需要做好身体方面的准备活动，如拉伸活动。

除此之外，体育锻炼还应该遵循一些基本原则。①循序渐进原则：在学习体育技能和安排运动量时，要由小到大、由易到难、由简到繁，逐渐进行。无论选择什么样的运动，切勿忽视自身的身体状况而盲目增加运动量或者突然增加运动量而造成运动损伤。②全面发展原则：在体育锻炼时，要注意活动内容的多样性和身体机能的全面提高。③区别对待原则：体育锻炼时，每个锻炼者还要根据自身的年龄、性别、爱好、身体条件、锻炼基础等不同情况做区别对待，使体育锻炼更具有针对性。④坚持到底原则：进行体育锻炼的同时需要克服自身的随意性和惰性，不能"三天打鱼，两天晒网"。

第四节
体育文化

一、体育文化的概念

体育文化是关于人类体育运动的物质、制度、精神文化的总和，大体包括体育认识、体育价值、体育理想、体育道德、体育制度和体育的物质条件等。各种运动形式（如奥林匹克运动项目）、各种竞赛规则、运动服装、运动场地、运动器材以及奥林匹克仪式、奥林匹克精神等，都属于体育文化。校园体育文化指在学校这一特定的范围里，人们在实践过程中所创造的体育精神财富和物质财富的总和。校园体育文化是体育文化的子系统、亚文化，它是校园内呈现的一种特定的文化氛围，是以学生为主体，以课外体育文化活动为主要内容，以校园为主要空间，以校园精神为主要特征的一种群体文化。

二、体育文化的内涵

体育文化的内涵不仅包括精神价值、制度价值，还包括了教育价值，它们共同构成了体育文化的基本框架，体现了其在人类社会发展中的独特作用和价值。

精神价值是体育文化的核心，包括体育精神和体育道德。体育文化的精神价值不仅体现出了美丽、正义、勇气、荣誉、乐趣、教育、进步、和平等理念，而且在促进人与自然和谐发展以及人与人和谐发展中发挥着重要作用。

体育文化的制度价值体现在体育的制度文化上，它是一个由思想、道德、礼仪、制度、规则以及综合运用各种文化艺术来表现和传播的文化系统，这些构成了体育文化的制度价值。

体育文化在德行和品格等方面以及个体成长过程中发挥着重要的熏陶作用，帮助人们形成正确的世界观、人生观和价值观。如体育比赛中的团结合作精神对人们的意识行为有着积极的促进作用。

三、体育文化的特征

（一）体育文化的民族性

体育文化，作为人类文化的重要组成部分，深深植根于各个民族的历史传统、地理环境、宗教信仰和社会习俗之中。因此，不同民族的体育文化各具特色和魅力。以古希腊体育为例，其海洋文化的熏陶使得古希腊体育展现出强烈的竞争性和对抗性，诸如赛跑、拳击、摔跤等运动项目，都体现了古希腊人敢于挑战、勇于竞争的精神风貌。而东方体育，尤其是古代中国体育，受儒家、道家等传统文化的影响，更注重内在修养与外在锻炼的和谐统一，体育活动中融入了大量的养生和娱乐元素，如武术、投壶、蹴鞠、舞龙舞狮、秋千等，都体现了东方文化的深厚底蕴。

（二）体育文化的国际化

尽管体育文化具有鲜明的民族特色，但随着全球化的推进，不同民族之间的文化交流与融合日益加强，体育文化也展现出越来越明显的国际化趋势。例如，古代奥运会仅限于希腊城邦间的竞技比赛，而现代奥运会已成为全球性的体育盛事，各国运动员在赛场上展现风采，奥林匹克口号——"更快、更高、更强——更团结"也已成为全人类共同的信念追求。体育文化的国际化不仅促进了各国之间的友好交流，也为体育事业的发展注入了新的活力。

（三）体育文化的时代性

体育文化并非一成不变，而是随着时代的发展而不断演变。在古代中国，体育文化以表演和养生为主，竞技性相对较弱。然而，到了近代，面对民族危机，许多学者和教育家开始认识到西方体育在培养民族精神、提高身体素质等方面的积极作用，因此大力引进西方体育运动，推动了传统体育文化的变革。这种变革不仅体现在体育项目的选择上，更体现在体育理念的更新上。

（四）体育文化的科学性

体育文化是人类在体育实践活动中创造出来的，其根本目的在于促进人的身体健康。因此，体育文化活动的发展必须遵循科学规律，才能为人类的健康发展做出贡献。在竞技体育中，要想提高竞技水平、突破极限、挑战纪录，就必须对人体的运动规律进行科学认识，并对训练方法、运动技术等进行科学改进。同时，随着现代科技的发展，越来越多的科技手段被应用到体育领域，为体育事业的发展提供了强大的支持。

四、体育文化与现代社会的关系

（一）体育文化与经济

体育文化是伴随着社会进步的需要而逐渐完善起来的。体育运动已成为现代人们改善生活方式、提高生活质量不可缺少的内容。体育经济也在世界大多数国家得到了迅速发展，据美国一家经济杂志报道，体育不仅是一部赚钱的大机器，而且已经是美国增长最为迅速的产业之一。此外，体育还涉及经济的方方面面，旅游、餐饮、广告、新闻、建筑、音像制品、服装、食品等领域都有体育影响的存在。尤其承办大型的体育赛事，不仅能给承办国家或城市带来良好的政治影响，而且还能为之创造巨大的经济效益。

（二）体育文化与科学技术

科学技术是体育发展的强大动力。从体育文化的物质基础看，现代体育设施和体育器材，集中体现了当代人类最先进的物质文明成果，是现代人类科技进步的结晶。体育场馆的建设就深刻地体现了这一点。此外，人类新的发展理念也在体育运动的发展上留下深刻的烙印，"绿色奥运""环保奥运""人文奥运"观念的提出无疑是这种烙印的直观表现。北京的"新北京、新奥运"目标，更是对人类社会自身发展与体育运动发展的关系的全新描述，并由此推动人类文化的进步。

（三）体育文化与社会道德

体育文化中的精神文化是人类在长期的社会生活和体育实践中逐步形成的共同的价值观念、心理倾向和道德水准的总和，它是体育的精神支柱和活动源泉。体育精神文化建设中泛道德性原则的普及离不开体育文化的发展。道德的理性化发展，使之具有了政治、法律的约束作用。体育文化的泛道德性使体育娱乐、体育竞技成为教化民心的一种手段。在与竞技体育相关的体育产业发展过程中，文化的泛道德性已融入了竞技规则，成为体育运作的平衡器和公平准则。

现代社会，人们热衷于体育运动，所追求的并不仅仅是体育运动水平的提高和赢得比赛，而是更关注体育竞技的公平、公正，换句话说，是将追求公平、公正的社会理想移植到了体育之中。由此，便不难理解为什么运动员在被查出是因服用违禁药而赢得比赛时，人们会如此愤怒和羞愧；也不难理解为什么世界各国都对使用违禁药物的运动员严加惩处。因为他们玷污了体育竞技最基本的公平、公正精神，玷污了奥林匹克精神，更重要的是，他们由此玷污了人类社会的理想。现代体育也追求更快、更高、更强，这反映了人类对未来、对自身潜能开发的永不停息的追求，体现了人类摆脱狭隘、束缚的愿望，通过公平竞争推动整个人类进步的远大理想。

（四）体育文化与社会文明

从物质文明的成果来说，体育为人类物质生产的发展提供了基本的劳动力和良好的人力资源，同时，也凝结成了具体、真实、可感的体育物质文化。大到各种体育场馆，小到千姿百态的体育器材和服饰用品就是这种物质文化的体现。在现代社会，体育消费成为拉动内需、刺激消费和引导市场的重要因素，体育文化正是在这种意义上成为社会文明进步的一个标志。从制度文明的角度来看，体育行为规范，尤其是各种竞赛规则，一方面本身就是制度性的文化内容，另一方面为人类的其他行为规范提供了示范。如公平竞争原则不仅是经济活动的规则，而且也是民主政治的灵魂所在。从精神文明的成果来讲，即从狭义文化来讲，体育既有科学、教育的内涵，也有思想道德的意义。体育作为教育的一部分，早在先秦时期就已被人们所认识和利用。此外，体育在振兴民族精神、增强团队意识、净化道德环境和提高人格境界方面的价值也越来越被人们所重视。

（五）体育文化与国际交流

现代体育在进入20世纪以后更凸显了它新的文化职能——文化交流职能。现代体育跨国界的交流，开辟了一条新的文化交流之路。体育交流在普遍地提高世界竞技运动水平的同时，也大大地增进了世界各国人民之间的友谊。当20世纪七十年代中美两国关系紧张时，恰恰是两国乒乓球运动员的接触和交流，为改善中美关系提供了历史性的机遇，使两国走向互相了解、互相合作的道路。当中国运动员姚明加盟美国NBA时，我们看到的绝不仅仅是一名中国篮球运动员加盟一家美国NBA篮球队这样简单的事，我们从中了解到了美国先进的体育商业运作，姚明的加盟也使美国对当代中国的认识又进了一步。

思政课堂

我国体育文化建设取得的成绩

1. 成功举办奥运会

作为当今世界规模最大的国际性、综合性社会活动之一，现代奥运会以其巨大的综合效益推动着社会发展，成为"当代最伟大的社会力量之一"。北京在2008年8月8日至24日举办了第二十九届夏季奥运会。此次奥运会不仅是一个体育盛会，也是一次友谊的盛会。世界上不同国家、不同种族、不同宗教信仰的运动员、观众汇聚中国，共同感受奥林匹克运动精神，其影响是非常巨大的。正如时任国际奥委会主席雅克·罗格（Jacques Rogge）所说的那样："2008年8月，中国人民给世界呈现了值得记忆的时刻，彰显了体育带给人们的激励作用。奥林匹克运动必须感谢这届无与伦比的奥运会。"

2022年北京冬奥会和2022年北京冬季残奥会是中国在向第二个百年奋斗目标迈进的关键时期举办的重大标志性活动。习近平总书记在2022年北京冬奥会和冬季残奥会总结表彰大会中指出：北京冬奥会、冬残奥会广大参与者珍惜伟大时代赋予的机遇，在冬奥申办、筹办、举办的过程中，共同创造了胸怀大局、自信开放、迎难而上、追求卓越、共创未来的北京冬奥精神。北京冬奥精神是以爱国主义为核心的民族精神的时代彰显，它丰富了中华体育精神，是新时代体育文化建设取得的重大精神成果。北京冬奥精神还说明，新时代的中国体育人能从历史中吸取宝贵经验、继承精神财富，在未来接续奋斗，不断创造中国体育事业新的辉煌。

2. 各类体育博物馆相继出现

体育博物馆在普及体育运动知识、传承中华体育文化、讲述中国体育故事、促进体育文化交流、彰显城市文化等方面有着重要作用。通过体育博物馆，人们能了解中国某个历史时期的体育发展、某个运动项目的普及历程，能从历史视角和人类文明的高度认识体育。早在2005年，临淄足球博物馆便揭牌开馆，这在当时是我国少有的运动项目博物馆。自我国成功举办第29届奥运会以来，体育引起民众的极大热情，再加上传承中华文化、增强文化自信的时代背景，我国各大城市纷纷开始建设体育博物馆，中国乒乓球博物馆、厦门奥林匹克博物馆、上海体育博物馆等各类体育博物馆相继出现。据2023年的数据统计，在过去10年，中国的体育博物馆从105座增加到184座，成为传播、弘扬中华体育精神的生动载体。

3. 举办"体育事业发展成就展"和"两博会"

2019年，国家体育总局主办了"体育强 中国强——庆祝新中国成立70周年体育事业发展成就展"，既向公众展示中国体育事业发展的历史脉络和取得的辉煌成就，又展现中国运动员顽强拼搏的体育精神和勇立潮头的时代精神。国家体育总局还以"两博会"（中国体育文化博览会与中国体育旅游博览会的简称）为抓手，推动体育文化与体育产业的融合。每年的"两博会"，成为国内规模最大的展示中华体育精神、传承中华传统体育文化、推销健身与健美产品、推动体育旅游的文化交流平台。在"两博会"期间还会举办参观者可以亲身体验的射箭、蹴鞠、高山滑雪、野外生存等各种活动，使民众能近距离地感受和观赏体育活动。

4. 中国女排精神列入中国共产党精神谱系

女排精神，是中国国家女子排球队顽强战斗、勇敢拼搏精神的总概括。其具体表现为：扎扎实实、勤学苦练、无所畏惧、顽强拼搏、同甘共苦、团结战斗、刻苦钻研、勇攀高峰。中国女排在世界排球赛中，凭着顽强战斗、勇敢拼搏的精神，五次蝉联世界冠军，为国争光，为人民建功。她们的这种精神，给予全国人民巨大的鼓舞。2021年9月，中国共产党中央委员会批准了中央宣传部梳理的中国共产党人精神谱系第一批伟大精神，女排精神被纳入，定义为"祖国至上、团结协作、顽强拼搏、永不言败"。女排精神很好地诠释了中国国家队运动员的核心价值观和精神追求，"代表着一个时代的精神，喊出了为中华崛起而拼搏的时代最强音"，已成为中国体育界的一面旗帜。这不仅树立了中国体育人的良好精神形象，而且对体育文化建设和精神文明建设也产生推动作用。

5. 中华体育精神写入新修订的《中华人民共和国体育法》

《中华人民共和国体育法》于2022年6月24日由第十三届全国人民代表大会常务委员会第三十五次会议修订通过，于2023年1月1日起施行。新修订的《中华人民共和国体育法》在总则第一条明确："为了促进体育事业，弘扬中华体育精神，培育中华体育文化……制定本法"。这反映了我国体育的价值导向和精神文化追求，对体育法相关条款起到纲举目张的统领作用，对强化全体人民贯彻实施体育法、建设体育强国、发展体育事业的共同的思想道德和精神文化基础具有十分重要的意义。

思考与练习

1. 你认为传统体育与现代体育的区别在哪里？
2. 体育运动有哪些功能？
3. 体育运动对健康有哪些影响？
4. 你在日常生活中接触到的与体育有关的事物有哪些？
5. 除了本章所讲的，我国体育文化建设还有哪些成绩？

第二章 大学体育概述

学习目标

❶ 了解大学体育的地位与作用。

❷ 认识大学体育的实施途径。

❸ 了解大学体育俱乐部模式。

第一节
大学体育的地位与作用

一、大学体育的地位

大学体育，作为高等教育体系中的一个重要环节，不仅承载着大学生在校期间的体育目标，更为其终身体育打下坚实的基础。终身体育是一个涵盖人生各个阶段的连续过程，从婴儿的家庭体育，到幼儿、儿童的幼儿园体育，再到儿童、少年、青年的学校体育，以及成年后至老年的社会体育，每个阶段都是相互衔接、相互促进的。大学体育阶段，作为学生成年后的关键阶段，具有特殊的意义。在这个阶段，学生处于身心发展的关键时期，通过有目的、有计划、系统地全面锻炼身体，不仅可以促进身心健康，还能掌握体育知识、技术、技能，培养体育意识，这些都将直接影响着学生的一生。

大学体育在终身体育的体系中起着承上启下的作用，它既是学生接受学校体育教育的最后一个阶段，也是他们走向社会后继续参与体育锻炼的起点。为了充分发挥大学体育的作用，我们应该从思想上认识到终身体育的重要性，珍惜大学体育的机会，热爱大学体育，主动参加体育锻炼，为终身体育打好基础，也为将来走向社会做好准备。

二、大学体育的作用

大学体育在增进大学生身心健康、提高大学生整体素质方面起着重要作用。全面推进体育锻炼，要求学生掌握基本运动技能，养成良好锻炼习惯，培养学生的竞争意识、合作精神和坚强毅力等，这反映了国际"健康促进"战略和"体育为健康"的时代精神，与我国体育教育的前瞻性和时代性特征相契合，显示了我国对全面人才培养的重视。可见，大学体育不仅塑造大学生的强健体魄，更旨在为社会培养身心健康、道德品质良好和全面发展的现代人才。具体来说，大学体育的作用主要表现在以下几个方面。

（一）全方位掌握体育知识

在当今的中国大学教育体系中，体育教学是一种全方位的教育过程。这一教育过程涉及运动技能的培养和运用以及体育文化的传播、体育理论知识的普及。作为大学生，我们接受系统的体育教育，不仅要掌握各种运动技能，还要深入理解体育的文化内涵和理论基础，深刻认识到要通过体育来促进身体健康、保持生命活力。

具体来说，大学体育的学习内容分为以下三类：

一是体育技能知识：大学生要通过系统的训练和实践，掌握各种运动技能，提高身体素质和运动能力。这些技能将成为大学生未来生活中的宝贵财富。

二是身体素质提高（或健康标准）知识：包括健康饮食、体质增强、运动适度等方面的知识，也包括体能、健康评估等的知识，这类知识有利于大学生的身体素质的全面发展和提升。

三是体育文化知识：大学生要关注体育历史、哲学、社会学等方面的知识，全面理解体育的文化内涵和社会价值，从而更加深入的理解体育的本质和意义，增强自身对体育的热爱和投入。

（二）养成坚持锻炼身体的好习惯

通过大学体育，大学生可以有计划、有组织地进行体育锻炼，培养自我的体育意识，养成锻炼习惯。这种习惯一旦养成，将伴随大学生一生，成为他们生活中不可或缺的一部分。现如今，大学体育课程非常重视体育兴趣和习惯的培养，其内容是丰富多彩的，如瑜伽、太极拳、游泳、慢跑等，这些项目不仅可以锻炼身体，还能培养学生的兴趣，使其在毕业后也能持续参与。同时，各个学校都积极创造条件，鼓励大学生参与课外体育活动，定期举办健康讲座、体育知识竞赛等，为大学生提供一个全方位的体育交流和学习平台，促使大学生积极参加体育活动，掌握体育和健康知识，逐步提高自我锻炼能力，养成锻炼身体的好习惯和终身体育的意识。

（三）提高社会适应能力

体育活动通常以集体形式进行，这为大学生提供了一个提升自我、培养团队精神的平台。在这些活动中，大学生不仅可以在生理上得到满足，更能在心理上获得极大的满足和成长。

在比赛中，大学生们需要与队友紧密合作、默契配合，共同完成比赛任务，这种合作精神，无疑有助于提高学生们的团队协作能力和人际关系处理能力。同时，胜利与失败往往伴随着大学生们的欢笑与泪水。这种同欢乐、共叹息的情感体验，也使得大学生们在运动中更加紧密地联系在一起，彼此间的情感得到了融合和升华。这种情感上的交融，正是个人利益和集体利益相融、相通的时候，使得大学生们更加珍惜团队的力量，更加明白团结合作的重要性。在比赛中，大学生也需要不断调整自己的行为和情绪，以适应比赛的变化和团队的需要，还需要学会如何与他人有效沟通，如何在团队中发挥自己的作用。这种适应和沟通能力，不仅仅在体育竞技中有用，在日常生活中更是必不可少，无疑会对学生们的未来产生深远的影响。

此外，比赛中大家为了集体的荣誉而拼搏奋斗，这种精神正是集体主义和爱国主义精神的体现；更需要充分发挥自己的能力和智慧，与对手展开激烈的竞争，这种竞争意识，可以激发大学生的斗志和潜力，让他们在未来的工作和生活中更加有竞争力。可见，通过参与体育活动，学生们可以更加深入地了解社会、认识社会，从而积极地投身到社会建设中去。

（四）塑造当代体育价值观

现代社会，大学生们对于体育的认知正在发生深刻的变化。他们不再仅仅将体育视为强健体魄的工具，而是开始更加重视体育在塑造健康身心和提高生活质量方面的重要作用。这种转变反映了当代大学生对全面发展的追求，以及对身心健康的全面认识。

体育活动，作为大学生活中不可或缺的一部分，其价值和意义远超过表面的运动竞技。通过参与各种体育活动，大学生们能够增强体质，提高抵抗力，为未来的学习和工作打下坚实的基础，同时也更加深入地理解体育的内涵和意义。体育还能够培养大学生的道德和意志品质，这些都是大学生们成长过程中必不可少的。在调理情绪方面，体育同样发挥着至关重要的作用。参与体育活动有助于大学生释放压力、缓解焦虑，让其在紧张的学习生活中找到平衡，从而培养积极乐观的心态，增强他们的自信心和自尊心，使他们在面对挫折和困难时更加坚强。

第二节
大学体育的实施途径

一、体育课程

根据《学校体育工作条例》的规定，普通高等学校的一、二年级必须开设体育课，三年级以上开设体育选修课。这一规定确保了我们在大学期间能够接受系统的体育教育。在实际操作中，一般一、二年级的普通体育课，重点学习基本运动技能和体能；三年级以上的体育选修课，满足了大学生更高层次的需求和兴趣。

无论开设什么形式的体育课，其目的都是使全体学生更好地增强体质、增进健康、提高体育文化素养、养成终身锻炼的意识与习惯。大学体育课程分为理论与实践两部分。理论课依据体育理论教材由教师在室内课堂进行讲授，内容主要包括体育科学知识及体育实践方法。实践课则以身体练习为基本锻炼手段，可在运动场地与设施上完成体育学习。在学习过程中，大学生需要接受一定的运动负荷，通过体力与智力的相互作用，促进动作技能的形成、人体机能活动的提高和人体能力的变化。

（一）普通体育课

普通体育课，是一、二年级学生的必修课程，具有无可替代的基础性和普遍性。这门课程不仅是大学生们锻炼身体、增强体质的重要途径，更是掌握基本运动技能、培养团队协作精神和锻炼意志品质的关键环节。在实施过程中，所有身体健康、无残疾的学生都必须按规定参与并通过相应的考核标准。

现在的普通体育课具有课内外一体化、加强体育理论学习和实行体育俱乐部模式等趋势，更加贴近我们的实际生活。首先，课内外一体化将体育课程与课外活动紧密结合起来，使我们在课堂上学习的知识和技能能够在课外活动中得到实际应用和巩固。其次，加强体育理论的学习使我们能够更加全面地了解体育运动的科学原理、技术要点和保健知识，从而更好地指导自己的体育实践。最后，设立各种体育俱乐部，大学生根据自己的兴趣和特长选择参与，不仅可以提高运动技能和身体素质，还能够培养自身的兴趣爱好和社交能力。随着社会的不断发展和进步，相信普通体育课将会更加生动、有趣、实用，为大学生的成长和发展注入新的活力和动力。

（二）体育选修课

体育选修课在如今的高校教育体系中占据着越来越重要的地位。它是专门针对三年级以上的大学生开设的一门特殊课程，旨在满足大学生在完成基础体育课程要求后，根据个人兴趣和特长选择某一运动项目进行深入学习和训练的需求。

体育选修课有助于提升大学生的专项技术水平和能力。通过选择自己感兴趣和擅长的运动项目，大学生可以更加专注地掌握相关技能和知识，从而提高自己在该领域的竞技水平。这门课程不仅尊重了大学生的个体差异，更能全面提高大学生的体育技能水平和综合素质。这种针对性的训练不仅让大学生在体育课上有所收获，更能为他们日后的体育生涯奠定坚实的基础。

在体育选修课中，教师通常根据学生的实际情况，制定合适的教学计划，让学生在轻松愉快的氛围中学习技能、锻炼身体。同时关注学生的个体差异，为每个学生提供个性化的教学方案。

（三）保健康复体育课

保健康复体育课，作为一门专为身体异常、病残弱等特殊群体学生量身打造的课程，旨在帮助学生在体育活动中逐步增进体力、恢复健康、调节生理功能和矫正身体缺陷。这门课针对学生的具体情况，制定个性化的教学计划，确保教学内容的选择既具有保健性，又具有康复性。在实施中，不仅注重学生的身体健康状况，还结合学生的特殊需求，提供适合的康复训练。通过保健康复体育课，大学生不仅可以在体育活动中感受到乐趣和成就感，还能逐步改善身体状况，提高生活质量。

二、课外体育活动

大学体育不仅涵盖了课内的体育教学，还延伸到了课外体育活动。这两者虽然各有特点，但共同构成了大学生体育锻炼的完整体系。课内的体育教学通常以系统的教学计划和严谨的课程设置为主，旨在传授体育知识和技能，培养大学生的体育兴趣和习惯。而课外体育活动，则以其生动、灵活的体验形式，成为课内教学的有力补充和延伸。

（一）室外体育活动

大学室外体育活动指的是大学生在体育课程之外自愿参加的校园体育活动，其形式多样，包括早操、各类球类运动、健身训练、户外运动等。这些活动可以由学生自主组织、自行安排，教师提供必要的指导和支持。大学室外体育活动是大学校园文化的重要组成部分，它不仅有助于学生的身体健康和心理健康，还能够培养他们的社会责任感和团队协作精神。作为大学生，我们应积极把握运动的机会和资源，让自身在轻松愉快的氛围中茁壮成长。

（二）校外体育活动

校外体育活动主要是指在家庭和社区进行的体育锻炼，是学校体育的延伸和补充。大学生可以充分利用假日时间，前往体育场（馆）、游泳池、射击场、公园等社会场所，参与体育辅导、体育测验、体育比赛和游乐活动。这些活动不仅能使我们接触到更多专业的运动训练方法和技巧，从而提高自己的运动技术水平，还有助于养成良好的体育意识和习惯。此外，校外体育活动可以为大学生提供与同龄人、专业人士甚至不同年龄段人群交流的机会。在参与活动的过程中，可以拓展自己的知识面，提高社交能力。

第三节
大学体育俱乐部模式

一、体育俱乐部概述

体育俱乐部一般是由学生们自发组织起来的，它是一个以体育运动为核心内容的非营利性质的团体。在体育俱乐部中，大学生不仅能够学习到各种体育技能，还能够在团队活动中学会如何与他人合作，如何在竞争与合作中找到平衡点，这对于个人成长和社交能力的提升都具有重要的意义。此外，体育俱乐部还扮演着促进校园文化交流的角色，致力于营造一个积极向上的校园体育文化氛围，鼓励更多的学生参与到体育运动中来，享受运动带来的乐趣，为校园生活增添更多的活力与色彩。可以说，体育俱乐部不仅丰富了大学生的课余生活，还为他们提供了一个展示自我、挑战自我的舞台，让他们在运动中发现自我的价值，增强自信心。

体育俱乐部的成立，是基于大学生对体育活动的热爱和追求，它不仅仅是一个简单的组织，而是一个充满活力的社区。在这个社区中，大学生可以自由地选择自己感兴趣的体育项目，无论是传统的篮球、足球、排球，还是新兴的瑜伽、跆拳道、攀岩等，俱乐部都应尽可能地提供资源和设施，并定期举办训练和比赛活动。同时，俱乐部还鼓励学生参与到体育活动的策划和组织中来，这样的实践经历能够锻炼学生的领导能力和组织能力，为他们将来成为社会的栋梁之材打下坚实的基础。

二、体育俱乐部的组织形式

（一）会员制

大学生群体可以通过支付一定的会员费用，从而获得学校体育俱乐部正式成员的资格。成为会员后，将能够享受到俱乐部精心准备和提供的多样化服务以及丰富多彩的活动安排。

（二）教练制

体育俱乐部在运作中，通常会聘请具有专业资质的教练团队，或者由经验丰富的高年级学生担任指导员角色。他们不仅拥有扎实的运动理论知识，而且具备丰富的实践经验。他们的主要职责是根据每位大学生的具体情况，提供个性化的指导和训练，帮助大学生在运动技能上取得显著的提升，同时也注重培养学生的团队协作能力和竞技精神。

（三）活动制

俱乐部会根据学期计划和学生的兴趣爱好，定期策划和组织一系列的体育活动。这些活动形式多样，包括但不限于各类体育比赛、专项技能训练营、健康知识讲座以及休闲娱乐活动等。通过这些活动的举办，不仅能够增强学生的体质，提高他们的运动技能，还能够增进学生之间的相互了解。

三、体育俱乐部的实施方法

（一）制定俱乐部管理制度

为了确保俱乐部的健康有序发展，学校应当制定一套详尽的管理制度，这套制度应当涵盖俱乐部的日常运作、活动安排、财务管理以及成员行为规范等方面，旨在通过规范化管理来保障俱乐部活动的质量，同时确保参与俱乐部活动的每一位学生的安全。

（二）建立教师队伍

为了提升俱乐部的教学水平，学校需要精心选拔一支由经验丰富的教师组成的教练团队。这些教师不仅要有扎实的专业知识和技能，还应具备良好的教学方法和沟通能力，以便能够有效地指导学生，激发他们的兴趣和潜能。

（三）提供场地设施

为了确保俱乐部活动的顺利进行，学校应当提供充足的场地和先进的设施设备。这些场地和设施应当满足俱乐部不同活动和不同体育项目的需求，便于学生在良好的环境中进行体育锻炼和技能训练。

（四）融入校园文化

为了营造一个积极向上、充满活力的校园氛围，体育俱乐部的活动与校园文化建设应紧密结合。通过组织各种体育赛事、健康讲座和文化活动，增强大学生的身体素质，传播健康的生活方式和积极的价值观念，让体育精神成为校园文化的重要组成部分。

思政课堂

大学体育课程中的传统体育文化遗产

中华优秀传统文化底蕴深厚、影响深远。近年来，我国高校体育教学助力传统文化的传承和创新。为提高体育教学效果，大部分高校以中华优秀传统文化为基础，教导大学生理论联系实际，在增强身体素质的同时提高文化素养，继承与弘扬中华优秀传统文化。

第一，优化了课程设置，有机融入中华优秀传统文化元素，帮助大学生提升对中华优秀传统文化的认识和了解。如详尽介绍太极拳中的"以静制动"、传统武术中的"阴阳调和""形神兼备"理念等，让大学生在学习体育知识、锻炼体育技能的同时，深入了解传统文化的价值与意义。

第二，开展实践活动，帮助大学生在实践中感受传统文化的魅力。实践教学是教育体系中必不可少的组成部分，为有效开展体育实践教学，如今的大学体育课程积极组织传统体育项目比赛和活动，包括武术比赛、太极拳表演等，为大学生提供丰富的展示平台，锻炼大学生的体育技巧、丰富的大学生体育知识。此外，在举行节庆活动过程中融入传统文化元素。例如，在春节、中秋节、国庆节等多个节点，学校会组织舞龙、舞狮、踩高跷、击鼓等体育文化活动，帮助学生在节庆氛围中切身感受传统文化魅力。

思考与练习

❶ 怎样看待大学体育课程?它有哪些作用?
❷ 大学体育的实施途径非常多样,你热衷于体育课程还是课外体育活动?
❸ 怎样看待体育俱乐部?你所在的学校有开设吗?
❹ 你所在的学校,开设了哪些与传统体育文化有关的课程或活动?

第三章
轮滑运动

学习目标

1. 正确认识轮滑运动。
2. 掌握轮滑运动的基本技术和训练方法。
3. 提高对轮滑运动安全与保护的重视程度。
4. 学习轮滑运动中的挑战精神。

轮滑运动富有挑战性和趣味性，吸引了无数热爱速度与激情的人们，它更是培养大学生平衡感、协调性、反应能力和勇敢精神的有效方式，能够充分展现出大学生的青春活力与激情。在大学校园中，轮滑作为一种时尚运动，为大学生们带来了全新的体验，是大学体育中备受欢迎的项目之一。

第一节
轮滑运动概述

一、轮滑的概念

轮滑，又称滚轴溜冰或滑旱冰，是一种在坚硬场地上穿着特制的、带滚轮的鞋子滑行的运动。它起源于古老的滑冰运动，但随着时间的推移，逐渐发展出了自己的特色和风格。

轮滑运动的特制轮滑鞋，设计精良，既保证了滑行时的舒适度，又提供了足够的支撑和保护。轮滑有双排轮滑和单排轮滑两大形式，它们各有千秋。双排轮滑，是指鞋子上有两排滚轮，这种设计使得鞋子更加稳定，适合初学者和注重舒适度的专业人群。单排轮滑则只有一排滚轮，更加轻便灵活，适合那些追求速度和技巧的高手。无论是双排轮滑还是单排轮滑，无论是初学者还是专业人群，都可以体验到轮滑速度与激情的碰撞，感受到风吹过脸颊的畅快。可以说轮滑是极限运动中的佼佼者，为那些追求刺激和挑战的人们提供了完美的舞台。同时，轮滑运动还能锻炼身体的协调性和平衡能力，提高心肺功能和下肢力量，对于增强身体素质具有积极的作用。

除了作为一项极限运动，轮滑还是一种非常实用的"代步工具"。有些人认为双排轮滑不适合在大街上滑行，但这种看法并不客观。实际上，双排轮滑的宽轮设计使得它在路面适应能力上胜过窄轮的单排轮滑。双排轮滑与长板（滑板的变体，类似于带轮子的冲浪板）不相伯仲，它们都可以轻松应对城市中的各种路面条件，为运动者提供稳定而舒适的体验。

二、轮滑运动的种类

轮滑运动种类繁多，而每一种轮滑运动又有其自身的特点，只有了解了它们的特点，才能更好地选择适合自己的轮滑运动。下面就来介绍一下常见的轮滑种类。

（一）速度轮滑

速度轮滑，顾名思义，是一种强调极致速度的轮滑竞技运动。这项运动集技巧、力量与耐力于一体，要求参赛者在规定的赛道上，以最快的速度完成比赛，不仅考验运动员的体能和技巧，更是对他们意志和毅力的严峻挑战。

速度轮滑的基础项目包括超长距离比赛和长距离比赛，这些项目要求运动员具备出色的耐力和稳定的体能输出。运动员需要在整个比赛过程中保持稳定的滑行速度和节奏，以应对长时间、高强度的比赛压力。速度轮滑的核心项目则是短距离比赛，这个项目更加注重运动员的瞬间爆发力和速度。运动员需要在短短几秒钟内，以最快的速度完成比赛，这不仅要求他们具备极高的身体素质，还需要精湛的滑行技巧和准确的比赛策略。

速度轮滑的轮滑鞋经过专业的设计和制造，能够为运动员提供稳定的滑行体验和极快的滑行速度。同时，速度轮滑比赛分为场地跑道比赛和公路比赛两种，场地跑道比赛通常在特制的盆形赛道上进行，这种赛道设计有助于运动员更好地发挥速度和技巧。

速度轮滑比赛不仅是一项竞技运动，更是人类挑战自我、追求极限的精神象征。在赛场上，运动员们全力以赴，追求速度的极致，用他们的汗水和努力诠释着对运动的热爱和执着。同时，速度轮滑比赛也吸引了众多观众的关注和喜爱，他们为运动员们的精彩表现欢呼鼓掌，为他们的成功喝彩。

（二）极限轮滑

极限轮滑，又被称为特技轮滑，是一种极具挑战性和刺激性的运动。它以令人惊叹的技巧吸引了众多爱好者。极限轮滑的玩法多种多样，主要体现在场地上，包括"U"形池、碗池等专业场地以及野街街区等。在这些不同的场地中，极限轮滑爱好者们展示着他们高超的技巧和无尽的创意。

单排极限轮滑具有更高的灵活性和速度感，使得选手们能够更加自如地展现各种高难度动作。而双排极限轮滑虽然已经没有正式比赛，但由于其抓地力更优，能够更完美和安全地做出更多的高危动作，因此在很多难度相当高的表演赛中，我们仍然可以看到双排极限轮滑爱好者的身影。

极限轮滑不仅仅是一种运动，更是一种艺术。它要求选手们不仅要具备出色的身体素质和技巧，还需要有极高的创造力和想象力。在极限轮滑中，每一个动作都需要经过精心的设计和练习，才能够在比赛中完美呈现。因此，极限轮滑选手们通常都需要花费大量的时间和精力来训练和提高自己的技能。通过不断的训练和实践，极限轮滑选手们能够不断突破自我，创造出更加惊人的动作和表演。

（三）花样轮滑

花样轮滑是一项结合了技巧、速度与优雅感的运动。它分为规定图形滑、自由滑、双人滑和双人舞四个项目，每个项目都有其独特的魅力。

规定图形滑要求选手按照预先设定的图案和路线进行滑行，这不仅考验选手的滑行技巧，还需要他们具备极高的空间感和节奏感。选手们必须精确地控制滑行速度、转向角度和动作执行时间，以展现出最完美的滑行轨迹。自由滑则给予选手们更大的发挥空间，他们可以根据自己的创意和想象力，设计出别具一格的滑行动作和图案。这个项目充分展现了选手们的创新能力和艺术修养，也是观众最为期待和喜爱的项目之一。

双人滑和双人舞注重选手之间的默契和配合。在双人滑中，两位选手需要紧密合作，共同完成一系列高难度的滑行动作。而在双人舞中，选手们不仅要展现出优美的舞姿，还需要通过舞蹈动作表达出深厚的情感。这两个项目不仅考验选手们的技巧水平，更考验他们的协作能力和情感表达能力。

花样轮滑不仅是一种表演项目，也是一种比赛项目。在比赛中，评委们会根据选手们的动作难易程度、舞姿优美程度以及技术执行情况进行打分，最终确定胜方。这使得花样轮滑比赛充满了竞争和悬念，也激发了选手们不断挑战自我、追求卓越的动力。

花样轮滑还具有很好的塑形健身效果，因为在运动中需要频繁地做跳跃、旋转等各种动作，这些动作可以有效地锻炼全身的肌肉。同时，花样轮滑还是一项很好的有氧运动，可以提高心肺功能，增强身体的耐力和灵活性。除了个人项目外，花样轮滑还有团体项目，如团队舞和队列滑等。这些项目要求选手们不仅要有出色的个人技术，还需要有良好的团队协作能力和配合精神。通过共同努力和默契配合，团队成员可以创造出更加精彩和震撼的表演，给观众带来更加难忘的视觉体验。

在全球范围内，花样轮滑比赛和表演活动日益增多，吸引了越来越多的观众和参与者。同时，随着科技的进步和创新，花样轮滑的表演形式也在不断丰富和创新。比如，现代科技可以帮助选手们更好地理解和掌握滑行技巧，提高表演水平和竞技实力；尤其虚拟现实技术，可以让观众身临其境地感受比赛的激烈和精彩。

（四）休闲轮滑

休闲轮滑是一项集健身、娱乐和休闲于一体的运动，无论是室内的专业轮滑馆，还是城市的繁华街道、乡村的宁静田野，轮滑爱好者们都能找到属于自己的舞台，尽情展示他们的滑技和风采。

休闲轮滑之所以如此受欢迎，其中一个重要原因是其广泛的适用性。不同于其他运动对于场地、设备、技巧等方面的限制，休闲轮滑只需要一双合适的轮滑鞋，就能在任何平滑的地面上进行。除了广泛的适用性，休闲轮滑还具有独特的休闲健身效果，不仅有助于消除疲劳，还能帮助人们释放压力，达到身心放松的效果。这些使得休闲轮滑成为人们日常生活中一部分，无论是作为通勤工具，还是作为休闲健身的方式，都能发挥出其独特的优势。

第二节
轮滑运动基本知识与基本技术

一、轮滑运动基本知识

（一）轮滑动作的要素

在练习滑行动作时，必须将注意力集中在两个核心要素上，即"脚形"和"发力方向"。这两个要素对于前滑和后滑至关重要，掌握好了它们，整个练习过程将变得有规律可循，步骤明确，效率也会大大提升。

脚形是指滑行时脚部的姿势和形状。正确的脚形有助于保持平衡、稳定滑行速度和提高滑行的灵活性。一般来说，滑行时的脚形应呈自然分开状态，脚尖略微抬起，与地面形成一定角度。这样可以有效分散脚部压力，减轻滑行时对脚踝和膝盖的冲击。此外，脚形还要根据滑行的方向和速度进行调整，以适应不同的滑行需求。

发力方向是指滑行时脚部施加力量的方向和角度。掌握正确的发力方向，不仅可以提高滑行的速度和稳定性，还能有效减少不必要的能量消耗。在前滑时，脚部应向前施加力量，使身体保持水平滑行；而在后滑时，脚部则需要向后施加力量，以维持滑行速度和稳定性。此外，发力方向还需根据地形、速度和滑行技巧的变化进行调整，以实现最佳的滑行效果。

在掌握了这两个要素之后，可以按照固定的练习步骤进行滑行训练。首先，从基础动作开始，逐步练习前滑和后滑，感受脚形和发力方向的变化。其次，通过不断重复练习，逐渐熟悉和掌握正确的脚形和发力方向。最后，结合地形和滑行技巧的变化，进行综合性的滑行训练，提高滑行的灵活性和适应性。

（二）轮滑小知识

（1）在轮滑中，着地滑行的脚被称为"滑足"，而腾空离地的脚则被称为"浮足"。这两个术语简洁、明了地描述了运动员在滑行过程中的不同状态。滑足在轮滑中扮演着至关重要的角色，它是运动员与地面接触的主要支撑点，负责支撑整个身体的重量。同时，滑足还要保持平衡，确保运动员在高速滑行中不会失去稳定性。为了实现这一点，运动员需要不断地调整滑足的角度和力量，以适应不同的滑行环境和速度要求。相比之下，浮足则在空中摆动，为下一次着地做准备。它的主要作用是调整运动员的身体姿态和重心位置，以便在着陆时保持平衡和稳定。浮足的灵活性和协调性对于轮滑运动员来说也是至关重要的，直接影响到运动员的滑行效果和速度。

（2）除了滑足和浮足之外，轮滑中还有一个不可忽视的概念——"刃"。轮子在接触地面时，根据触地位置的不同，可以分为"外、平、内"三种刃，这些刃在滑行中发挥着不同的作用。外刃是指轮子外侧与地面接触的部分，它在滑行中起到稳定和控制方向的作用。当运动员需要转弯或调整滑行方向时，他们会通过调整外刃的接触角度来实现这些动作。外刃的稳定性和控制力是轮滑运动员在比赛中取得好成绩的关键因素之一。平刃是轮子与地面接触最广泛的部分，它负责传递运动员的力量和速度。在直线滑行或加速过程中，平刃发挥着至关重要的作用。运动员通过调整平刃的接触力度和角度，可以实现对速度和方向的精确控制。内刃则是轮子内侧与地面接触的部分，它在一些特殊的滑行技巧和动作中起到关键作用。例如，在进行内八字滑行或内侧转弯时，运动员需要充分利用内刃的特性和优势来实现这些高难度的动作。

（3）对于初学者来说，掌握正确的站立姿势和平衡技巧是至关重要的。尽管轮滑鞋上的硬壳设计能够提供一定的支撑，但过度依赖这种物理支撑并不是明智之举。为了培养正确的滑行习惯和避免潜在的健康问题，初学者应当努力学会利用脚踝的力量来主动站立。在轮滑中，保持平刃站立或外刃站立状态是至关重要的。这意味着需要将重心放在脚的外侧，并微微向外倾斜，以维持身体的平衡。这样做，不仅能够减少"A"形内刃接地走滑或滑行的风险，还能够逐渐培养起对脚踝力量的控制。如果初学者过于依赖轮滑鞋的硬壳支撑，他们可能会养成倒踝滑行的习惯。这种不良习惯不仅会影响滑行的稳定性和美观性，还可能导致脚踝和膝盖的劳损。长期下来，可能会为后续的学习和提升带来不必要的麻烦。为了加强脚踝的力量和灵活性，初学者可以通过一些辅助练习来锻炼。例如，可以在地面上进行脚踝的转动和屈伸练习，以增强脚踝关节的灵活性和稳定性。此外，进行一些专门的平衡练习，如单脚站立、闭眼站立等，也有助于提高身体的平衡感和控制能力。

（4）轮滑中，无论是向前滑行还是向后滑行，都需要练习者具备一定的技巧和平衡感。而要想实现平稳、安全和连贯的滑行，练习者必须掌握正确的重心转移技巧。简单来说，重心转移就是在滑行过程中，练习者通过调整身体重心的位置，以适应滑行的方向和速度。这听起来可能有些抽象，但实际上，它是轮滑滑行中至关重要的一环。向前滑行时，练习者需要将重心稍微前移，以保持身体的平衡和稳定性。这样做有助于减少摇晃和颠簸，使滑行更加流畅和自然。同时，通过不断调整重心的位置，练习者还可以更好地控制滑行的速度和方向，提高滑行的灵活性和安全性。向后滑行时，练习者需要将重心后移，以保持身体的稳定和平衡。与向前滑行不同的是，向后滑行需要更多的平衡感和技巧，身体需要更加灵活和协调。

（5）在封闭的轮滑场地中，逆时针方向滑行已成为一种普遍的习惯和规则。这一规则不仅有助于维护场地的秩序，还能确保练习者的安全。对于初学者来说，了解和遵守这一规则至关重要。逆时针方向滑行有助于减少碰撞的风险。在封闭的场地中，所有的练习者都按照同一个方向滑行，这样就能够预测和判断其他练习者的轨迹，从而避免发生碰撞。如果练习者逆向而行，特别是后滑时，很容易与其他练习者发生冲突，造成意外伤害。逆时针方向滑行也有助于提高练习效果。在轮滑运动中，滑行方向和速度的控制是非常重要的。按照逆时针方向滑行，练习者可以更好地掌握滑行的节奏和力度，从而更有效地提高自己的技能和水平。此外,逆时针方向滑行还有助于培养练习者的团队协作意识。在轮滑比赛中,团队合作是非常重要的。所有的队员都需要按照同一个方向滑行,才能保持队伍的整齐和协调。因此,从初学者开始就养成逆时针方向滑行的习惯,有助于培养团队协作意识。

二、轮滑运动基本技术

(一)外八字走滑和前葫芦滑

本节主要讲解几种基本的向前滑行技术。向前滑行的技术有很多,最基础的就是"外八字走滑"。

1. 外八字走滑

顾名思义,向前外八字走滑技术的脚形是脚尖向外的"八"字形。这种脚形使得运动员的双脚在冰面上呈现出一种"V"字形,有助于保持身体的平衡。同时,运动员需要将重心放在双脚之间,这样可以使身体更加稳定,减少在滑行过程中的晃动。

(1)外八字小步走。

屈膝屈髋,双手扶腿,抬脚向前迈半步,发力且往下踏步踩地,先不要向前踢脚发力滑行(图3-1)。

屈膝屈髋能够帮助在保持身体平衡的同时,更好地控制滑行速度和方向。这一动作还能有效减轻膝盖和髋关节的压力,降低运动损伤的风险。在进行屈膝屈髋时,要确保动作自然流畅,避免生硬和僵硬。双手扶腿可以帮助更好地控制身体的稳定性和滑行姿态。在抬脚小步落地的过程中,双手扶腿能够提供额外的支撑力,确保我们在滑行过程中保持平衡。关于抬脚小步落地这一动作,需要特别注意的是出脚的方向和力度。出脚时,我们要确保脚部向下和向前的合力方向,即向前踢脚,这样能够在滑行过程中保持稳定的速度和方向。同时,还要注重重心的前移,确保重心始终在身体前方,避免滞后现象。

(2)外八字滑。

在外八字滑的过程中,抬脚向前滑行是关键(图3-2)。这一动作需要具备良好的身体

(1)屈膝屈髋,双手扶腿　　　　　　　　(2)外八字小步走

图3-1　外八字小步走

图3-2 外八字滑

协调性和力量控制。通过抬起脚部，可以增大滑行的距离，同时，重心的连续向前跟进也是保持滑行稳定的关键。当速度过快时，可以采取双脚同时着地充当滑足的方法，利用惯性进行滑动。待速度自然衰减后，再重新抬脚进行滑步练习。这种方法既能帮助我们降低速度，又能锻炼反应能力和身体协调性。

（3）技术要点。

对于初学者来说，正确的身体姿势和手臂的放置位置对于外八字走滑练习至关重要。不同的老师可能会提出不同的要求，比如有的老师会让初学者将手臂背在背后，而有的老师则建议双手侧平举。这些不同的指导方法都有其独特的目的和效果。本书建议初学者将双手放在膝盖上方，甚至轻轻抓住大腿。这样的建议并不是随意的，而是基于科学的滑行技巧和防摔策略。首先，将双手放在膝盖上方并抓住大腿，可以帮助初学者更好地保持身体的平衡，也有助于提高初学者的自信心，让他们更加放心地进行滑行练习。其次，当初学者不小心失去平衡时，双手放在膝盖上方并抓住大腿的姿势也有利于他们进行自我保护。在这种情况下，初学者可以通过调整手臂和腿部的力量，尽量向前摔倒，而不是向后摔。向前摔的冲击力相对较小，可以减少受伤的风险。同时，双手在前也有助于初学者在摔倒时迅速调整身体，保持头部朝上，避免受伤。当然，在滑行练习中，仅仅依靠手臂的放置位置并不能完全避免摔倒。初学者还需要掌握正确的滑行技巧、保持适当的速度和距离，以及及时作出正确的反应。

在实际教学中，教师还需要根据初学者的实际情况和个体差异，灵活运用不同的教学方法和要求。同时，初学者也应该在遵循基本要求的基础上，根据自己的实际情况进行适当的调整和创新。这样，滑行练习才能真正发挥出其锻炼身体、提高技能、培养勇气等多方面的作用。此外，对于滑行练习的教学和实践，还需要结合科学的研究和实证数据来不断完善和优化。例如，可以通过对初学者在不同手臂放置位置下的滑行稳定性和摔倒情况进行对比分析，来验证本书所提出建议的有效性和适用性。

2. 前葫芦滑

前葫芦滑，作为一种常见的滑行技术，对于初学者来说具有极高的实用价值。其独特的脚形和滑行轨迹，使其在轮滑运动中广受欢迎。

在练习前葫芦滑时，运动员需要将脚尖向外，呈"八"字形摆放，以确保身体平衡。同时，重心应保持在双脚之间，以便在滑行过程中保持稳定。发力方向应向侧后方，这样才能产生足够的推力，使运动员在地面上滑行。在滑行过程中，双脚需要同时蹬收，脚尖开合，形成独特的葫芦形轨迹。

（1）半程前葫芦滑不封口。

双脚外八字站立，重心前移，双脚沿脚尖延长线滑出至可控的最大跨度停下来（图3-3），先后收左、右脚呈"H"形平刃站立；调整脚形呈外八字，再次重复上述过程。

（2）内外八字脚形转换。

双脚外八字站立，双脚脚尖短距离向前滚动，内扣成内八字脚形，然后双脚脚跟短距离向后滚动，并扣成外八字脚形（图3-4）。

（3）完整前葫芦滑。

前葫芦滑至最大跨度之前，要使用脚尖内扣技巧，此时注意膝盖内扣、脚尖内扣，大腿内侧肌肉发力收缩（图3-5），使脚尖由外八字扣成内八字，完成葫芦形线路封口。

（4）连贯前葫芦滑。

单个前葫芦滑结束之后，脚形是内八字，此时可交替打开脚尖，再次呈外八字，重复下一个动作循环；熟练之后，可努力尝试同时打开脚尖，衔接下一个动作循环，反复练习，最后达到连续前葫芦滑行的效果。

（5）技术要点。

前葫芦滑是平地花样轮滑的重要基础性技术，更是连接其他高级技巧动作的桥梁。在

图3-3　半程前葫芦滑不封口

（1）内八字站立

（2）内八字脚形图

（3）外八字站立

（4）外八字脚形图

图3-4　内外八字脚形转换

外八字滑中，双脚交替离地，滑行轨迹呈现出一种流畅的曲线。而前葫芦滑则更加注重双脚同时离地的瞬间，通过腰部的扭动和腿部的协调，使滑行者在短暂的腾空中完成一次优美的转身。这种滑行方式不仅要求滑行者具备出色的平衡能力，还要求对速度和力量的掌控达到较高水平。在练习平地花样轮滑时，前葫芦滑的使用频率极高。它

图3-5　完整前葫芦滑

不仅可以用于连接两个滑行动作，还可以在滑行过程中进行方向的改变或者增加滑行的趣味性。因此，对于想要深入学习平地花样轮滑的朋友们来说，掌握前葫芦滑是至关重要的一步。

为了更好地掌握前葫芦滑，我们需要从基础开始练习。首先，确保自己具备稳定的滑

行基础，能够在平地上自如地滑行和转弯。然后，逐渐尝试在滑行中加入腰部的扭动和腿部的协调动作，感受腾空和转身的感觉。在这个过程中，一定要注意保持身体的平衡和力量的控制，避免因为动作不协调而导致摔倒或受伤。此外，观看高水平轮滑者的表演和教学视频也是提升技巧的有效途径。通过观察他们的动作和技巧运用，我们可以更好地理解前葫芦滑的精髓所在，并在自己的练习中加以运用。

前葫芦滑的动作相对简单，容易上手。初学者可以通过反复练习，逐渐掌握这一技巧。前葫芦滑对于培养初学者的平衡感和节奏感具有很大的帮助。在练习过程中，运动员需要不断调整重心和发力方向，以保持稳定的滑行轨迹。这种调整过程有助于初学者提高身体协调性和平衡感，从而打下坚实的基础，为后续学习更高级的滑行动作做好准备。

（二）单蹬单滑和双蹬双滑、单蹬双滑

1. 单蹬单滑

单蹬单滑是一项必备的轮滑技术。所谓单蹬单滑，即在轮滑时，运动员单脚侧蹬一次地面，随后依靠惯性单脚滑行一段距离。对于刚刚接触轮滑运动的初学者而言，这一技巧或许有些难度，但只要经过系统的学习和不懈的练习，每个初学者都能够掌握并享受轮滑带来的极致快感。在轮滑中，一个基本原理必须牢记：想要前进，就必须向侧后方蹬地。轮滑鞋的轮子与地面间产生的摩擦力，正是推动我们前行的力量。当侧后方蹬地时，这种摩擦力会驱动身体向前滑行。高水平的轮滑选手之所以能长时间保持单脚支撑滑行，关键在于他们通过长期的训练，已经熟练地掌握了平衡和重心控制的技巧。

初学者刚开始还不具备主动单脚支撑，以及有目的、有意识地进行蹬地向前长滑的能力。多进行原地开合蹬收脚练习，把蹬、推地发力效果隐藏在开合蹬收脚的动作里，慢慢练习，便可逐步掌握该能力。开合蹬收脚是轮滑行进间的重要技巧之一，可以在滑行过程中产生强烈的前滑效果，提升滑行速度和体验。

（1）原地"H"形平刃站立，双脚间距比肩稍宽。左脚向左跨出一小步，右脚再向右跨出一小步，呈"A"形内刃站立（图3-6）。

（1）原地平刃站立

（2）"A"形内刃站立

图3-6　原地开合蹬收脚

（2）左脚蹬地收回，接着右脚蹬地收回，呈"H"形平刃站立（图3-7）。

（3）反复练习，重心平稳后幅度可渐渐加大，直至步法运用自如。

完成原地开合必须配合脚的蹬收动作。脚在蹬脚、收脚的过程中就会产生蹬地发力的效果，这是单蹬单滑发力动作的基础。

2. 双蹬双滑、单蹬双滑

（1）双蹬双滑。

图3-7　单脚蹬地

在原地练习中掌握的开合蹬收脚的发力技巧，需要在行进间去体会和消化。

行进间开合蹬收脚练习：原地外八字站立，降低重心，沿双脚脚尖延长线向前滑出（此时双脚呈"A"形内刃状态），在前进趋势停止之前，分别蹬地收左脚和右脚，呈双脚支撑惯性滑行状态（此时双脚呈"H"形平刃状态），如图3-8所示。通过分别蹬收左右脚产生新的动力，维持双脚长滑。此时的步法节奏是"双开 — 左收 — 右收 — 双并滑"，称为双蹬双滑。

（2）单蹬双滑。

双蹬双滑步法熟练后，再变化步法节奏为"双开 — 左单收 — 双并滑 — 双开 — 右单收 — 双并滑"（图3-9），称为单蹬双滑。

3. 技术要点

（1）平衡感和重心控制能力。

对于初学者来说，单脚支撑滑行往往是一项挑战。在单脚滑行时，初学者往往难以保持身体的平衡，重心容易偏移，导致身体摇摆。这主要是因为初学者尚未掌握如何合理分配身体重量，以及如何有效控制重心的转移。因此，在学习单蹬单滑技巧时，初学者应着重训练自己的平衡感和重心控制能力。

（1）"A"形内刃状态

（2）"H"形平刃状态

图3-8　双蹬双滑

（1）左脚单蹬　　　　　　　　　　　　　（2）右脚单蹬

图3-9　单蹬双滑

单蹬单滑的练习方法如下：

①基础平衡练习：在开始单蹬单滑之前，首先要进行基础平衡练习。这包括在静止状态下保持身体直立、重心稳定，以及尝试在滑行过程中逐渐将重心转移到单脚上。通过反复练习，初学者可以逐渐提高自己的平衡能力。

②单脚支撑滑行练习：在掌握了基础平衡之后，接下来可以进行单脚支撑滑行练习。开始时，可以先用双手扶住墙壁或其他固定物体，以保持身体平衡。然后，尝试将重心转移到一只脚上，用另一只脚进行短距离的滑行。随着练习的深入，逐渐减少对双手的依赖，直到能够完全独立地进行单脚支撑滑行。

③蹬地力量练习：蹬地力量是单蹬单滑技巧中的关键。为了增加蹬地力量，初学者可以通过训练来提高腿部肌肉力量。例如，可以进行深蹲、跳跃等练习，以增强腿部肌肉的爆发力和耐力。

通过以上练习方法，初学者可以逐步提高自己的平衡能力、重心控制能力以及蹬地力量。当然，这需要付出一定的时间和努力。但只要持之以恒地练习，相信每位初学者都能够逐渐掌握单蹬单滑技巧。

（2）开合蹬收脚技巧。

对于初学者来说，掌握开合蹬收脚这一技巧并非易事，需要注意一些关键点以确保安全和效果。

首先，初学者必须注意控制频率。过于快速的频率可能导致速度和身体平衡失控，增加摔倒的风险。因此，建议在刚开始练习时，保持适中的频率，逐渐适应后再逐渐提高。同时，要注重身体重心的控制，保持身体稳定，以更好地掌握前滑效果。其次，双开滑行时的双脚间跨度也是一个需要关注的要点。跨度过大可能导致腿部拉伤，或者因为跨度过大而无法顺利收回腿部，造成后摔。因此，初学者在练习时，应逐渐尝试并找到适合自己的跨度，避免过度拉伸和摔倒的风险。最后，要注意保持正确的姿势，包括身体前倾、膝盖微屈等，以减少风阻和提高稳定性。

为了更好地理解和掌握这一技巧，初学者可以加入当地的轮滑俱乐部或参加轮滑培训课程，与其他轮滑爱好者一起学习和交流，共同成长。在实际练习中，初学者还可以结合一些辅助工具来提高效果。例如，使用轮滑训练器可以帮助初学者更好地掌握平衡和滑行技巧。同时，合理安排练习时间和休息时间，避免过度疲劳和受伤。

（三）并步转弯和压步转弯

轮滑转弯，是在高速滑行中通过调整滑行方向来实现的技术。对于初学者来说，掌握这一技术是一项挑战，但同时也是提升轮滑技能的必经之路。在这个过程中，并步和压步是两种非常重要的脚法，它们能够帮助我们更好地完成转弯动作。

1. 并步转弯

从直线滑行进入弯道滑行时，初学者一般可以转换成并步滑行过弯。并步脚法下，为了滑得流畅、快速，内侧脚要求做到外刃接地滑行，同时为保持身体平衡，外侧脚呈内刃接地、蹬地状态。

（1）原地，左右脚交替外刃接地踏步（图3-10）。

（2）原地，左脚外刃接地，右脚平刃（或内刃），踏步向左绕圆（图3-11）。

（3）原地，右脚外刃接地，左脚平刃（或内刃），踏步向右绕圆（图3-12）。

（4）外刃接地，小范围并步绕圆，左转3圈，再右转3圈，反复练习，直到习惯内侧脚外刃接地滑行，逐渐习惯身体向内倾斜滑行。

（5）左脚外刃接地，始终保持滑足状态，膝盖向外压，右脚连续向侧后方蹬地发力，推动左脚绕圆滑行（图3-13）。

（6）右脚外刃接地，始终保持滑足状态，膝盖向外压，左脚连续向侧后方蹬地发力，推动右脚绕圆滑行（图3-14）。

（7）反复练习，直至能够单脚支撑外刃接地，单蹬长滑绕圆滑行。

（8）技术要点。

在绕圆滑行时，掌握正确的反身

图3-10　左右脚交替外刃接地踏步

图3-11　左脚外刃接地

图3-12　右脚外刃接地

（1）右脚连续蹬地背面　　　　　　　　　　（2）右脚连续蹬地正面

图3-13　右脚连续蹬地

（1）左脚连续蹬地背面　　　　　　　　　　（2）左脚连续蹬地正面

图3-14　左脚连续蹬地

内倾技巧对于保持平衡和提高滑行效率至关重要。为什么要在轮滑绕圆滑行时采用反身内倾的姿势呢？在滑行过程中，为了保证脚下滑行的弧线更加接近理想的圆弧，我们需要调整身体的姿势以配合轮滑的轨迹。通过上半身反身向内转一定的角度，我们可以更好地控制滑行的方向和稳定性。在具体操作时，我们需要将外侧肩置于前方，内侧肩则位于后方，使胸口和面部朝向圆心。这样的姿势调整有助于我们更好地感知滑行轨迹，同时也有助于保持身体的平衡。接下来，我们需要向内倾斜身体，这有助于我们更好地适应滑行的曲线。在这个过程中，内侧腿的膝盖需要向外压，以形成反身内倾的姿势。这种姿势不仅可以提高滑行的稳定性，还可以帮助我们在转弯时保持更高的速度。此外，为了进一步提高滑行的效果，我们可以在练习时逐渐增加滑行速度，并尝试在转弯时保持更小的半径。这将有助于我们更好地掌握反身内倾技巧，并在实际滑行中展现出更高的水平。

2. 压步转弯

弯道滑行是一项至关重要的技术，因为它不仅关系到运动员能否保持直道滑行中的速度，还涉及运动员能否在高速滑行中保持身体平衡。为了实现这一目标，压步（或称交叉步）的脚法成为弯道滑行的关键。当轮滑运动员进入弯道时，他们需要快速调整自己的滑行方式,以应对曲线的挑战。压步脚法正是在这种情况下发挥了巨大的作用。通过压步的方式,运动员可以将重心稳定地保持在滑行轨迹上,有效避免身体起伏过大,从而保持滑行速度。这种脚法不仅要求运动员具备高超的平衡能力,还需要他们具备敏锐的感知力和反应速度,以便在瞬间做出正确的动作调整。为了实现压步脚法的连续滑行,运动员需要经过长时间的练习和磨炼,需要不断尝试不同的滑行姿势和动作,逐渐掌握压步脚法的要领和技巧。此外,还需要在训练中加强身体协调性和平衡感的培养,以便更好地应对弯道滑行的挑战。

(1)原地双足交替单向倒刃。"H"形站立,双脚距离稍比肩窄;向左侧倒脚踝,呈左脚外刃、右脚内刃状态;向右侧倒脚踝,呈右脚外刃、左脚内刃状态(图3-15)。这个练习可让初学者迅速体会到向同一侧倒刃、转移重心的感觉。

(2)原地外物辅助支撑,向左侧倒刃、转移重心后,右脚向左脚前方迈出脚步,呈双脚交叉脚形,完成压步[图3-16(1)];然后左脚向左移动,完成并步站立。可连续向左侧反复练习。

(3)原地外物辅助支撑,向右侧倒刃、转移重心后,左脚向右脚前方迈出脚步,呈双脚交叉脚形,完成压步[图3-16右(2)];然后右脚向右侧移动,完成并步站立。可连续向右侧反复练习。

(4)原地无支撑,向左倒刃转移重心—右脚交叉步—左脚并步—右脚原地并步(图3-17);向右倒刃转移重心—左脚交叉步—右脚并步—左脚原地并步;原地练习,熟悉步法,动作节奏为"1—2—3—4(倒—叉—并—并或者倒—右—左—右),1—2—3—4(倒—叉—并—并或者倒—左—右—左)"。

(5)行进间走滑,无支撑,向左倒刃转移重心—右脚交叉步—左脚并步—右脚并步跟随;向右倒刃转移重心—左脚交叉步—右脚并步—左脚并步跟随(行进间练习时,注意转移重心前有一段双滑过程)。熟悉步法,动作节奏为"1—2—3—4(倒—叉—并—并或者倒—右—左—右),1—2—3—4(倒—叉—并—并或者倒—左—右—左)"。

(1)原地左侧倒脚踝　　　　　　　(2)原地右侧倒脚踝

图3-15　原地双足交替单向倒刃

（1）原地交叉支撑侧面

（2）原地交叉支撑正面

图3-16 原地有支撑

（1）左倒刃

（2）右脚交叉步

（3）左脚并步

（4）右脚原地并步

图3-17 原地无支撑

（6）外刃接地，小范围或中范围连续并步加交叉步绕圆（图3-18、图3-19），左转3圈，再右转3圈。一个或几个并步接一个交叉步，反复练习，直到习惯一个并步接一个交叉步的步法节奏和内侧脚外刃接地、身体向内倾斜滑行的状态。

（7）全场练习，直道上左右交叉步"S"形单蹬单滑，弯道上连续压步过弯滑行。逆时针、顺时针方向交替进行，以达到熟练使用左右交叉步过弯滑行的效果。

（8）训练技术要点。

压步转弯是轮滑运动中的一项重要技术，其正确执行对于提高滑行效率、保持平衡以及展现优雅的滑行姿态至关重要。在进行这项滑行技术时，运动员可以选择单臂摆或双臂摆的方式来进行身体的协调与平衡。

当运动员选择使用单臂摆时，内侧手臂背在身后，而外侧手臂则前后随摆。这种方式的优点在于可以减少空气阻力，使滑行更加流畅。同时，由于内侧手臂的支撑作用，可以帮助运动员更好地保持身体平衡。然而，这种方式需要运动员具备一定的核心力量和控制能力，以确保在滑行过程中保持稳定。双臂摆的方式则适合那些希望获得更加稳定与舒适的滑行体验的运动员。在这种方式中，内侧手臂左右方向随摆，而外侧手臂则前后方向随摆。这种摆动方式可以帮助运动员更好地调整重心，保持身体平衡。同时，由于双臂的摆动幅度更大，可以产生更大的向心力，帮助运动员更好地控制滑行方向。此外，还有一种双臂侧平举的方式。在这种方式中，外侧手臂前伸，内侧手臂后伸，上半身转身，胸口朝向圆心。这种方式可以展现出运动员优美的身姿，同时保持身体平衡。然而，这种方式需要运动员具备较高的身体协调性和控制能力，因为需要同时控制双臂和身体。

（1）左外刃接地侧面

（2）左外刃接地正面

图3-18 外刃接地

图3-19 交叉步绕圆

轮滑压步转弯的滑行方式有多种，每种方式都有其独特的优点和适用场景。运动员可以根据自己的实际情况和需要选择合适的滑行方式。无论选择哪种方式，都需要运动员具备扎实的基础技能和良好的身体控制能力，以确保在滑行过程中保持稳定和安全。同时，运动员还需要注重细节和姿势的调整，以展现出最佳的滑行效果。在实际训练中，运动员可以通过多次练习和反复尝试来逐渐掌握这些滑行技巧。在练习过程中，运动员需要注意保持身体平衡、控制重心转移、调整手臂摆动幅度等。此外，运动员还可以结合轮滑弯道训练器、平衡垫等来进一步提高自己的滑行水平和稳定性。

第三节
轮滑运动的安全与保护

一、安全常识

轮滑是一项令人兴奋和充满挑战的运动，它让人们体验到了速度与激情。然而，这项运动也伴随着一定的风险，因为摔倒的可能性随时存在。为了确保在享受轮滑乐趣的同时，也能保障自己的安全，大学生需要掌握一些关键的安全保护措施。

（1）运动前的热身是必不可少的。热身运动可以有效地提高身体的灵活性和反应能力，减少运动损伤的风险。大学生可以进行一些简单的跑步、跳跃和拉伸动作，为轮滑做好充分的准备。

（2）正确佩戴头盔、护膝、护腕和手套等防护装备也是至关重要的。这些装备能够在意外发生时为我们提供额外的保护，减轻伤害程度。例如，头盔可以有效地保护头部免受撞击，而护膝和护腕则可以减少关节受伤的风险。

（3）检查轮滑鞋是否完好无损。轮滑鞋的质量直接影响到我们的运动体验和安全性。因此应该选择质量可靠、尺寸合适的轮滑鞋，并定期检查其磨损情况，及时更换损坏的部件。

（4）在室外轮滑时，需要特别留意周围的环境情况。避免在人多的地方进行轮滑，以减少与其他人发生碰撞的可能性。此外，还应该注意路面的平整度和障碍物的情况，选择安全的路线进行滑行。

（5）对于初学者来说，最好选择专门的轮滑场进行练习。这样可以提供一个相对安全的环境，并且可以与其他轮滑爱好者一起交流和学习。在熟练掌握基本技巧后，再尝试在街头进行轮滑，但要时刻注意自己的安全。

（6）保持良好的身体状况，定期进行体能训练和平衡练习，以提高自己的稳定性和反应速度。此外，了解并遵守轮滑的基本规则和礼仪也是非常重要的，这有助于减少与其他轮滑者的冲突和意外事故的发生。

二、自我保护

在轮滑运动过程中，不可避免地会摔倒，为了最大限度地减少对身体的伤害，轮滑爱好者需要掌握正确的自我保护技巧。要明白，摔倒时最重要的是如何分散和减缓冲击力。这需要调动身体的各个部位，尤其是颈部、腰部和四肢的肌肉，让它们协同工作。

（一）前摔

前摔是最常见的轮滑摔倒方式之一。了解正确应对前摔的技巧至关重要，可以提高运动的安全性。当面临前摔的情况时，主动屈膝下蹲是一种非常有效的应对策略。这样做的原因在于，膝盖是人体较为坚韧的部位，能够承受较大的冲击力。通过让膝盖先接触地面，可以有效地减轻身体其他部位的负担。除了主动屈膝下蹲外，双手迅速撑地也是非常有效的。这样做可以分散冲击力，减轻单一部位的负担。同时，双手撑地还能有效地防止身体继续向前翻滚，从而避免进一步的伤害。在实际操作中，为了更好地应对前摔，轮滑爱好者还可以采取一些额外的措施，如佩戴头盔、护膝、护肘等专业的轮滑护具，降低受伤的风险。

（二）侧摔

当身体失去平衡，即将侧摔时，首先要做的是保持冷静，不要惊慌失措。这时，一个有效的自我保护动作就是自然而然地屈膝下蹲，通过降低身体重心，可以减少摔倒时产生的冲击力。接下来，让双膝慢慢接触地面，这样做不仅能够减缓速度，还能为身体提供一个稳定的支撑点。在接触地面的同时，我们应该迅速用双手往一侧撑地。这个动作不仅可以防止身体继续翻滚，还能帮助我们在地面上保持平衡。

（三）后摔

向后摔倒时，保持膝盖弯曲是非常重要的。这样可以让臀部先着地，身体自然后倾。同时，为了避免头部受伤，应该低头团身，让头部尽量远离地面。

此外，还有一些其他的自我保护技巧值得掌握。例如，在高速滑行时，如果感到身体即将失去平衡，可以迅速调整重心，让身体的一侧先接触地面，这样可以减少冲击力。同时，保持身体放松也是非常重要的。紧张的身体更容易受伤，而放松的身体则能更好地适应地面的冲击。

三、轮滑运动常见损伤处理

在练习轮滑过程中，受伤有时候是不可避免的，初学者有必要熟知轮滑运动常见损伤的处理方法与原则。

（一）常见运动损伤

在轮滑运动中，常见的损伤有擦伤、肌肉拉伤、挫伤、脱臼、骨折等，严重的甚至会出现休克、呼吸停止、心搏骤停等极端情况（这部分内容非常专业且重要，建议大家通过相关专业图书进行学习）。

（二）常见运动损伤处理方法

1. 擦伤

擦伤，即皮肤的表皮擦伤。如擦伤较浅，只需涂抹红药水消毒即可；如擦伤创面较脏或有血渗出，应该用生理盐水清洗后再涂抹红药水或紫药水。

2. 肌肉拉伤

肌肉拉伤指肌肉纤维撕裂而导致的损伤，一般是由运动过度或热身不够造成的。受伤者可以根据疼痛程度判断受伤的轻重，一旦出现强烈的痛感就应立刻停止运动，并在疼痛部位敷上冰块或冷毛巾，以减轻局部充血、水肿。肌肉拉伤后切忌立刻搓揉及热敷。

3. 挫伤

挫伤是由于身体局部受到钝器打击而引起的组织损伤。轻度挫伤不需要特殊处理，经冷敷处理24小时后可用活血化瘀药剂，局部可用跌打损伤膏。需要注意的是在伤后第一天予以冷敷，第二天方可开始热敷，约一周后疼痛和伤情可自行消失。

4. 脱臼

脱臼，即关节脱位。一旦发生脱臼，受伤者要保持安静，不要再坚持活动，更不要揉搓脱臼部位。如脱臼部位在肩部，施救者应当将受伤者肘部弯成直角，用三角巾悬、吊前臂和肘部，然后尽快送医处置；如脱臼部位在髋部，则应立即让受伤者躺在软担架上，然后送医处置。

5. 骨折

常见骨折分为闭合性骨折和开放性骨折两种情况。开放性骨折，忌用手直接回位，以免引起骨髓炎，应用消毒纱布对伤口进行初步包扎、止血后，再用平板固定送医处理。骨折后肢体不稳定，容易移动，可找木板、塑料板等将肢体骨折部位的上下两个关节固定起来。如一时找不到外固定的材料，骨折在上肢者，可将肘关节固定于躯干上，骨折在下肢者，可将腿伸直固定于对侧的肢体上。

（三）急性运动损伤处理原则

急性运动损伤的处理原则简称为"PRICE"原则，具体包括：保护（Protection）、休息（Rest）、冰敷（Ice）、压迫（Compression）、抬高（Elevation）。

1. 保护

伤害发生后，首先要做的就是要保护受伤的部位，将该部位固定，以免加重其受伤程度。

2. 休息

受伤后，要立刻停止受伤部位的活动，必要时可使用拐杖等物品做适当的支撑，不经过医生的检查与允许，不应该再进行激烈的活动，以避免再次刺激而使伤情恶化。同时休息也能加快受伤部位的复原进程。

3. 冰敷

受伤部位的肿胀程度会影响复原所需的时间，及时冰敷能促使血管收缩，减慢血液循环速度，并减少受伤部位组织液的渗出，从而达到缓解受伤部位疼痛、肿胀及痉挛的目的。

常用的冰敷方式：将碎冰块放入冰敷袋或塑料袋内，加入少量的水，将袋口系紧后，就制成了一个简便的冰敷袋；或是用湿毛巾包裹冰块后置于欲冰敷之处。现实环境中如遇取冰不便，可在快餐店购买冰棍或者沙冰替代。在受伤后48小时内，每隔2~3小时冰敷一次，每次冰敷时间为15~20分钟较宜。为避免发生冻伤或伤害神经，每次使用冰敷袋不要超过30分钟。

4. 压迫

使用弹性绷带包扎受伤部位，做局部压迫，以减少组织液渗出与内部出血，同时也具有缓解受伤部位肿胀的功效。

注意事项：使用弹性绷带做压迫包扎时，应以螺旋状方式平衡施加压迫力，并从肢体末端往近端的方向包扎，当缠绕到受伤部位时可以稍增加一点压迫力；将弹性绷带拉伸至最大限度的60%~70%，即可获得足够的压迫力。使用弹性绷带时要随时观察受伤者的手指或脚趾的皮肤颜色，如果受伤者有疼痛感、皮肤变色、感到刺痛等，那就意味着弹性绷带缠绕得太紧了，应解开绷带重新包扎。

5. 抬高

将受伤部位抬高，置于高于心脏的位置，帮助积聚在受伤部位的组织液加速回流，可以避免受伤部位过度肿胀。抬高可与冰敷、压迫等方式同时实施。

思政课堂

从轮滑运动中学会挑战自我

1. 克服恐惧，迎接挑战

轮滑运动员在高速滑行的过程中，需要时刻保持身体的平衡，稍有不慎就可能摔倒。这种对速度和摔倒的恐惧，是每一个轮滑初学者都会面临的挑战。然而，正是这种挑战，让轮滑运动成为一种培养勇气和自信心的绝佳方式。在克服恐惧、迎接挑战的过程中，我们不仅能学会如何保持平衡、控制速度，还学会如何面对困难、战胜自我。通过一次次的跌倒和爬起，逐渐克服自己内心的恐惧，变得更加勇敢和自信。

2. 坚持不懈，追求卓越

轮滑运动要求参与者不仅要有良好的身体素质，更要有坚韧不拔的毅力和耐心。每一次的跌倒和挫折，都是对意志的一次考验。然而，正是这些挫折和困难，使得我们在不断克服中变得更加坚强。我们要在每一次的失败中总结经验，不断调整自己的动作和技巧，以期在下一次滑行中更加出色。这种坚持不懈、追求卓越的精神，正是轮滑运动的精髓所在。

在轮滑的世界里，没有所谓的捷径和天赋，每一位优秀的轮滑选手都是通过无数次的跌倒与爬起，通过无数次的练习与磨炼，才最终站在了领奖台上。这种对技艺的执着追求，对自我的不断挑战，正是我们在日常生活中也应该秉持的态度。无论是在学习上、工作上还是生活中，我们都会遇到各种各样的困难和挑战。面对这些困难，如果我们能够像轮滑选手一样，保持那种坚持不懈、追求卓越的精神，那么我们就一定能够克服一切困难，实现我们的目标。正如一位轮滑名将所说："在轮滑场上，每一次跌倒都是一次成长的机会。在生活中，每一次挫折都是一次磨炼意志的机会。"

思考与练习

① 轮滑运动有哪几种？
② 轮滑运动的基本技术有哪些？练习时需要注意什么？
③ 轮滑运动中常见损伤的处理方法有哪些？

第四章

球类运动（一）
——篮球、足球、排球

学习目标

❶ 正确认识篮球、足球、排球运动。
❷ 掌握篮球、足球、排球运动的基本技术与战术。
❸ 正确认识球类运动中的团队合作精神。

大学体育中的球类运动，涵盖了足球、篮球、排球等多种项目。球类运动不仅锻炼身体素质，更是培养团队协作能力、战术意识和竞技精神的绝佳平台。积极参加这些运动，可以丰富我们的课余生活，塑造自身坚韧不拔的性格，同时在体育竞技中收获友谊与成长，为未来的挑战打下坚实的基础。

第一节
篮球运动

一、篮球运动概述

（一）篮球运动的概念、起源与发展

篮球是一项以手为中心的身体对抗性体育运动。它是由两队参与，在一个长方形的篮球场上，按照特定的规则，通过球员之间的传球、运球、投篮、防守等动作和战术配合，争取将球投入对方篮筐得分，并阻止对方得分的一项运动，具有较高的竞技性、娱乐性和观赏性。

1891年，美国的詹姆斯·奈史密斯（James Naismith）博士从当地学校儿童喜欢用球投向桃子筐的游戏中汲取灵感，创编了篮球游戏，后来逐渐发展为一项运动项目。随着时间的推移，篮球运动逐渐走出美国，传遍世界各地。1904年，第三届奥运会（圣路易斯奥运会）首次进行了篮球表演赛，标志着篮球开始进入国际舞台。1908年，美国制定了全国统一的篮球规则，这一举措极大地推动了篮球运动的规范化和普及化。此后，篮球运动逐渐在欧洲、亚洲等地落地生根，成为一项世界性运动项目。

1896年前后，篮球运动传入中国，随后在北京、上海等地逐渐开展起来。中华人民共和国成立后，篮球运动得到了广泛的普及与发展，并在国际大赛中取得了不俗的成绩。中国女篮在1984年洛杉矶奥运会上夺得铜牌，1992年在巴塞罗那奥运会上获得第2名，1994年在澳大利亚世界女篮锦标赛上获得第2名。中国男篮也在国际赛场上屡创佳绩，展现了中国篮球的实力与风采。如今，篮球运动在中国已经深入人心。每年一次的中国男子篮球职业联赛（CBA）和中国大学生篮球联赛（CUBA）吸引了无数球迷的目光。尤其是姚明2002年以状元秀的身份被火箭队选中，更是将美国职业篮球联赛（NBA）引入了中国市场，成为中国家喻户晓的运动赛事。

从美国的校园游戏到全球性的竞技运动，篮球以其独特的魅力吸引了全世界人们的关注。它不仅仅是一项运动，更是一种精神、一种文化的传承。在未来，我们相信篮球运动将继续在全球范围内发展壮大，成为连接各国人民的桥梁和纽带。

（二）篮球运动的特点

1. 空间与时间的争夺

在篮球这项充满激情与技巧的运动中，球员们必须在规定的比赛场地内，以及限定的比赛时间内，展现出他们对于球权的激烈争夺、比赛节奏的精准控制以及在攻防转换中寻找最佳的进攻机会。这种对比赛场地空间的充分利用和对比赛时间的高效管理，是篮球这项运动所特有的魅力所在。球员们在场上不仅要展现出个人的技术和战术素养，还要与队友之间进行默契的配合，通过快速的传球和移动来撕破对手的防线，创造出得分的机会。同时，他们还需要时刻保持对比赛节奏的敏感度，无论是加快进攻速度还是控制比赛节奏，都需要球员们有极高的判断力和执行力。这种在有限的空间和时间内，通过团队协作和个人能力的结合，不断寻找并把握得分机会的能力，正是篮球运动的魅力所在。

2. 多样化的投篮方式

篮球这项运动，它不仅仅是一项简单的体育活动，还是一个充满技巧和策略的竞技舞台。在这个舞台上，球员们可以展示他们多样化的投篮技巧，这些技巧包括但不限于跳投、勾手、上篮以及扣篮等多种方式。每一种投篮方式都有其独特的要求和魅力，都需要球员具备良好的身体素质和心理素质。跳投要求球员在空中有一定的滞空能力，以及精准的投篮手感和良好的时机把握；勾手需要球员在对抗中保持身体平衡，同时利用巧妙的手腕力量将球送入篮筐；上篮更多地考验球员的突破能力和对篮筐的感知能力；扣篮则是一种力量与美感的结合，它不仅需要球员拥有出色的身体素质，还需要球员在恰当的时机展现出惊人的爆发力。

在比赛中，球员们必须具备敏锐的观察力和快速的判断力，以便根据场上的实时形势和对手的防守策略，灵活地选择最合适的投篮方式。这种选择不仅仅是对技术的运用，更是对心理和战术的考验。球员们需要在比赛中不断地学习和适应，通过不断的实践和经验积累，才能在关键时刻做出正确的选择，从而有效地得分并帮助球队取得胜利。因此，篮球运动中的投篮不仅仅是一种身体上的挑战，更是一种智慧和策略的较量。球员们在追求投篮技巧的精进的同时，也在不断地提升自己的比赛智慧，以期在激烈的比赛中脱颖而出，成为真正的篮球高手。

3. 快速的攻防转换

在篮球比赛的激烈角逐中，攻防转换的速度是极其迅猛的，每当一次进攻的高潮落下帷幕，球员们必须立刻调整状态，以迅雷不及掩耳之势撤回到自己的防守位置，严阵以待，准备迎接对手的下一轮攻势。这种快速的攻防转换，不仅仅是对球员们体能的极限挑战，更是对他们反应速度和敏捷性的严峻考验。同时，这也对球队的整体战术素养和球员之间的默契配合提出了更高的要求。在这样的高强度对抗中，每一个球员都必须具备出色的比赛观察能力，以及与队友之间心有灵犀的配合能力，才能在攻守转换的瞬间做出最合理的判断和行动,从而在比赛中占据优势。

4. 策略与战术的多样性

在篮球这项充满激情与智慧的运动中,策略和战术的运用是取胜的关键。球场上,球员们不仅要展现出个人的技巧和速度,还要通过团队的协作来执行各种复杂的战术。例如,挡拆战术要求球员之间有默契的配合,通过设置有效的掩护来为队友创造得分机会;策应战术需要球员在场上灵活移动,通过传球和跑位来打乱对手的防守布局;快攻战术是在对方防守未稳时迅速发动进攻,以速度和冲击力撕破对方防线;联防战术则是在防守时形成区域性的协作,通过团队的力量来封堵对手的进攻路线。球队在比赛前的准备工作中,教练团队会深入分析对手的比赛录像和数据,找出对手的弱点和自己的优势。基于这些分析,会制定出一套针对性的战术方案,旨在最大化地发挥球队的潜力。在比赛中,球员们需要根据比赛的实际情况,如比分差距、比赛节奏、球员状态等因素,灵活调整战术,以应对不断变化的局势。教练在场边的指挥和球员之间的沟通也至关重要,他们需要迅速做出判断,及时调整战术,以确保球队能够有效地执行既定的战术方案,最终实现比赛的胜利。

(三)篮球运动的基本知识

1. 篮球场地

篮球场地,如图4-1所示。

2. 篮球比赛

大学生常进行的篮球比赛有五人制和三人制两种。

(1)五人制:五人制篮球比赛一般由两支五人组成的队伍进行对抗。常规的全场比赛时间为40min。上下半场各20min,加时赛5min,上下半场之间休息15min。2000年后,比赛实行4节制。NBA每场比赛为48min,分4节进行,每节12min。国际篮球联合会(FIBA)规则下的比赛为40min,分上下半时,每半时为20min,每节时间为10min。

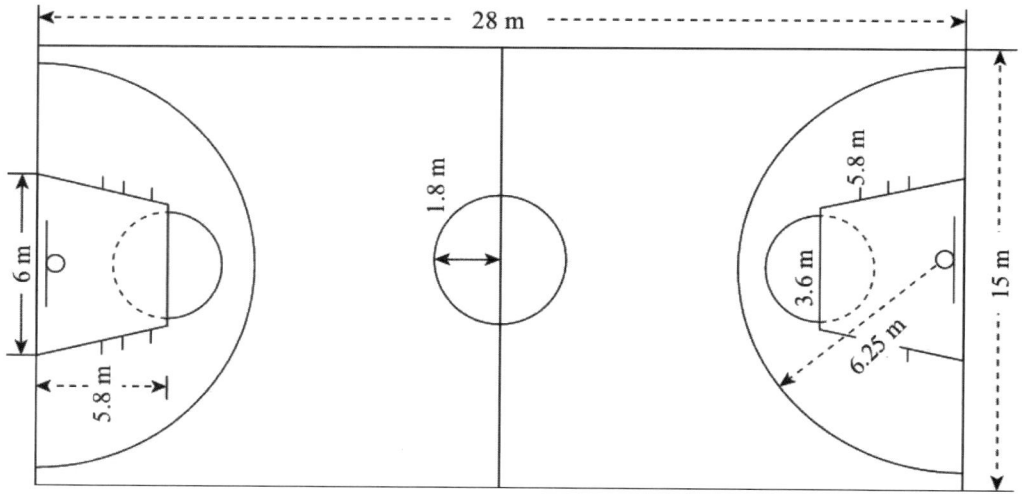

图4-1 标准的篮球场

（2）三人制：三人制篮球比赛通常由两支三人组成的队伍进行对抗。一般使用标准篮球场的一半作为比赛场地，设有篮筐和罚球线。三人制篮球的规则与五人制篮球相似，但在一些细节上有所调整，例如比赛时间、犯规次数、换人方式等。比赛通常分为上下半场，每半场10~15min，中间休息5min。也有采用计时赛制的，即比赛双方在规定时间内得分高的一方获胜。每支参赛队伍有一名队长。比赛中，队伍还可以有一名替补队员。与五人制相同，三人制的投篮得分通常分为2分球和3分球。犯规次数达到一定数量后，对方将获得罚球机会。

二、篮球运动基本技术与战术

篮球技术，是篮球比赛中为实现特定目标而采用的一系列专门动作方法的总称。篮球战术，是篮球比赛中队员所运用的攻守方法的总称，是队员个人技术的合理运用和队员之间相互配合的组织形式，涵盖了进攻与防守两大核心部分。在篮球场上，进攻需要球员们默契配合，协同作战。防守就像是城墙，能够有效地阻止对方的进攻。防守需要球员们紧密配合，形成有效的防守阵型，不给对方留下任何进攻的机会。篮球场上并非只有进攻，防守同样重要。

在进攻和防守中，移动技术不可忽视。移动技术能够让球员在场上快速穿梭，寻找最佳的进攻和防守位置。接、传球技术是进攻的基础，精准的接、传球能够打乱对方的防守节奏。投篮则是进攻的最终目的，无论是近距离的跳投还是远距离的三分球，都需要球员具备稳定的投篮手感和准确的瞄准能力。这三项技术是篮球运动的基本技术。

此外，运球技术能够让球员在场上灵活自如，突破对方的防线。持球突破是进攻中极具威胁的一种技术，它要求球员拥有出色的控球能力和敏锐的洞察力，能够准确判断对手的防守漏洞，迅速突破并得分。抢断球是防守中的一项重要技术，它需要球员具备出色的反应速度和准确的抢断时机能力。封盖技术能够在对方投篮时给予致命的打击，破坏对方的得分机会。抢篮板球技术则是进攻和防守转换的关键环节，抢下篮板球能够为球队争取更多的进攻机会。

篮球技术和战术不仅体现了篮球运动的魅力，也展现了运动员们的智慧和实力。下面从篮球运动的基本技术入手，对篮球技术和战术进行讲解。

（一）移动技术

移动技术是篮球多项技术的基础，其关键是控制身体重心的平衡和变化。现将几种常用的移动方法简述如下。

1. 起动、急停

（1）起动：篮球运动中，起动不仅是球员改变静止状态的一种方式，更是他们在进攻和防守两端取得优势的关键手段。一个优秀的篮球运动员，要能够在短时间内迅速判断场上的形势，然后利用起动技巧来为自己和队员创造机会。

对于进攻方来说，突然而快速的起动能够帮助他们摆脱防守球员，创造出进攻的机会。而在防守端,迅速而准确的起动是有效阻止对手进攻的首要环节。防守球员需要时刻保持警惕,随时准备应对对手的进攻。当对手进行快速起动时,防守球员需要迅速判断对手的方向和意图,然后利用起动技巧来保持自己的有利位置。

动作要领:在进攻时,球员需要保持两脚开立,腿部呈一定的弯曲,上体稍微前倾,这样可以更好地保持平衡,并且为接下来的快速起动做好准备。当球员决定起动时,他们会利用后脚或一侧脚的前脚掌进行短促而有力的蹬地,同时上体迅速前倾或侧转,将重心向跑动方向移动,在最短的距离内把速度发挥出来。这种起动方式能够帮助球员在最短的时间内将速度发挥到极致,从而成功地摆脱防守球员,创造出进攻的机会。防守球员的起动方式与进攻球员类似,也需要保持两脚开立,腿部呈一定的弯曲,上体稍微前倾。当对手进行起动时,防守球员需要迅速反应,同时调整自己的重心和身体方向,以保持与对手的合适距离和角度。这种起动方式能够帮助防守球员更好地控制对手的行动,从而有效地阻止对手的进攻(图4-2)。

(2)急停:篮球运动中,急停是一项至关重要的技术。它不仅是进攻方在突围、运球、传球等动作中突然改变节奏、迷惑防守方的有效手段,更是球员保护自身、避免受伤的重要保障。急停技术可分为跨步急停和跳步急停两种。

①跨步急停,又称两步急停,它的关键在于掌握好脚步的节奏和身体的平衡。

动作要领:球员在高速移动中,突然向前跨出一大步,这一步的幅度要足够大,以便迅速降低速度。在脚跟着地的同时,身体重心迅速过渡到全脚掌,以抵抗地面的反作用力。此时,球员要迅速屈膝并上体后仰,这有助于进一步减缓速度和稳定身体。在第二步着地时,身体侧转,脚尖内旋,用前脚掌内侧蹬撑地面,以保持身体平衡。此时,重心应落在两脚之间,以确保稳定性和灵活性。

②跳步急停,又称一步急停,适用于更快速、更突然的急停情况。

动作要领:在跑动中,球员需要迅速判断防守方的动作和意图,然后用单脚或双脚起跳。起跳时,上体要适度后仰,以便在落地时能够更好地保持平衡。在落地时,两脚要同时平行落地,用前脚掌内侧有力撑地。同时,两膝要弯曲,以降低重心,增强稳定性。在跳步急停的过程中,球员还需要根据比赛情况和防守方的反应,灵活调整自己的动作和节奏,以达到最佳的急停效果。

在实际比赛中,急停技术的运用往往需要结合其他动作,如运球、传球、投篮等。球员需要根据比赛情况和对手的反应,灵活运用急停技术,以创造出更好的进攻机会或防守转身。例如,在突围过程中,球员可以利用跨步急停来迷惑防守方,制造出进攻方人数多于防

图4-2 起动

守方的局面；在接球后，球员可以利用跳步急停来迅速调整自己的位置，为投篮或传球创造更好的角度和空间。

2. 侧身跑

篮球比赛中，侧身跑也是一项至关重要的技术，尤其在快攻和防守快攻时更是不可或缺的跑动方法。通过侧身跑，篮球队员能够更好地观察场上情况，及时做出反应，提高观察能力和反应速度，从而取得更好的比赛效果。侧身跑在比赛中的应用非常广泛。在快攻时，球员可以通过侧身跑迅速找到空位，接球并发起进攻。在防守快攻时，侧身跑则能够帮助球员更好地盯防对手，防止对方快速得分。此外，在进攻转换防守的过程中，侧身跑也能够帮助球员更快地调整位置，准备防守。

动作要领：首先，在向前快跑的同时，球员需要自然地将头部和上体向有球的方向扭转。这一动作不仅有助于观察场上情况，还能更好地判断对手和队友的位置，从而做出更加明智的决策。侧身跑的动作相对简单，但要想真正掌握并熟练运用，需要长时间的练习和不断的实践。

3. 变向跑

篮球比赛中，变向跑能够帮助球员在进攻和防守时迅速改变方向，从而创造出突围、传球或防守转身的机会。这种技术的运用不仅要求球员具备出色的身体素质和灵活性，还需要他们拥有敏锐的观察力和判断力。

在进攻方面，球员可以通过快速、连续的变向跑来摆脱防守，制造出进攻方人数多于防守方的局面，为队友创造出得分机会。此外，在阵地进攻中，球员也可以利用变向跑来迷惑防守球员，制造出投篮或传球的空间，打破对方的防守节奏。

在防守方面，变向跑同样具有重要意义。通过迅速改变方向，球员可以更好地跟随对方的跑动，保持防守位置，防止对方突破或传球。特别是在面对快速突围或变速、变向的进攻球员时，防守球员需要及时调整自己的防守步伐和方向，以应对对方的变向动作。

除了个人技术的运用外，变向跑在团队配合中也发挥着重要作用。在进攻转换防守或防守转换进攻的过程中，球员需要迅速判断场上形势，通过变向跑来调整自己的位置，与队友形成默契配合。

动作要领：（以从左向右变向跑为例）顺步变向跑时，左脚落地制动，屈膝降低身体重心，用前脚掌内侧蹬地，同时扭腰转胯，右脚迅速向右跨步加速。交叉步变向跑时，左脚落地制动，腰胯向右转动，同时，左脚前脚掌内侧蹬地向右跨步，继续加速跑动前进。

4. 滑步

滑步是防守的一项重要技术。它易于保持身体平衡，可向任何方向移动。滑步可分为侧滑步（横滑步）、前滑步、后滑步。

动作要领：（以侧滑步为例）滑步前，两脚左右开立，两膝微曲，上体稍前倾，手背向两侧张开。向左滑步时，右脚前脚掌内侧蹬地，左脚向左跨出一步，落地的同时，右脚迅速随同滑行，然后依次重复上述动作，眼要注视对手；向右滑步时，动作相反（图4-3）。

图4-3 向左滑步

（二）接、传球技术

在篮球比赛中，接、传球技术是由同队队员相互移动产生配合，或者是个人移动制造出战机时，及时获得球和供给球的一项技术。接、传球技术的成功运用，不仅可以制造进攻机会，还可以打乱对方的防守节奏，它是个人技术的体现，更是团队协作的象征。这种技术需要球员们拥有敏锐的观察力和准确的判断力。在进攻过程中，球员们需要时刻留意场上队友和对手的位置，以及比赛的节奏和形势，才能做出正确的判断和决策。同时，接、传球技术也是进攻队员在场上相互联系和组织进攻的纽带，是实现战术配合的具体手段。在比赛中，球员们需要根据场上的形势和队友的位置，灵活运用各种接球技巧，与队友配合默契，相互信任和支持，打出精彩的进攻战术。

1. 接球

接球是篮球运动中的主要技术之一，是获得球的动作，是抢篮板球和断球的基础。接球方式主要有双手接球和单手接球两种。

（1）双手接球：双手接球主要适用于接与运动员胸部高度、头部高度、腰部高度相当的球，以及反弹球和地滚球。

动作要领：在接球前，球员需要保持身体平衡，这是整个动作的关键所在。身体平衡有助于球员稳定地控制球，防止在接球过程中出现失误。同时，球员的手臂应自然前伸，手指自然分开，两拇指呈"八"字形，这样的姿势有助于更好地控制球的走向。当球到达胸部高度时，球员需要迅速用手指触球，并随球后引，屈肘缓冲来球的力量。这样可以确保球能够稳稳地落在两手中，同时减少对手抢断的机会。

（2）单手接球：单手接球则更加灵活，可以在不同的情况下快速、准确地接到球。

动作要领：以右手接球为例，球员需要两眼注视来球，右臂微曲，手掌呈勺形，手指自然分开，迎着来球的方向伸出。当手指触球时，手臂需要顺势向后下引球，同时左手立即帮助将球握于胸腹之间。这种接球方式可以在快速移动或身体失去平衡的情况下，依然能够稳定地接到球，并快速做出下一个动作。

在实际比赛中，接球的技巧对于球员的发挥至关重要。首先，准确的接球能够为球队创造进攻机会。当球员能够稳稳地接住球时，他们可以更加从容地进行下一步动作，如传球、投篮或突破。其次，接球还能提升球员的自信心。在比赛中，球员如果能够熟练地掌握接球技巧，他们在面对对手时会更加自信。此外，接球技巧的训练也有助于提升球员的整体技术水平。在练习接球的过程中，球员需要不断调整自己的身体姿势、手臂动作和手指触球的方式。这些训练不仅能够提高球员的接球能力，还能提升他们的运球、传球和投篮等其他技术。

为了在实际比赛中更好地应用接球技术，球员还需要结合具体的比赛情况进行练习。例如，在训练中模拟对手的不同传球方式和速度，让球员在不同的场景下都能够熟练地接球。此外，球员还需要注意与队友的默契配合，确保在比赛中能够准确地接住队友传来的球。

2. 传球

传球的方式包括双手胸前传球、双手低手传球、双手低手向后传球、双手头上传球、单手肩上传球、单手胸前传球、单手低手传球、单手低手向后传球、单手肩上向后传球、单手背后传球、单手体侧传球、勾手传球等。

以下介绍两种最常用的传球方式。

（1）双手胸前传球：双手胸前传球是最基本、最常用的传球方式。这种方式快速、有力，可在不同的距离中使用，而且便于和投篮、突破等动作相结合。

动作要领：双手持球于胸前，两手五指自然分开，两拇指成"八"字形（两拇指间的距离随手的大小可变远近），持球的侧后方，手指指根以上部位触球，手心空出，两肘自然下垂，上体稍前倾，两腿自然弯曲并前后站立。传球时，前臂急促地向传球方向伸出，拇指用力下压，食指、中指外翻，抖腕拨球，将球传出（图4-4）。

（2）单手肩上传球：这是一种常用的中、远距离传球方式，特别在抢到后场篮板球发动长传快攻时运用较多。

动作要领：持球方法与双手胸前传球相同，两脚平行开立，右手传球时，左脚向传球方向跨出，同时双手将球引到右肩侧上方，右手大臂充分后引，左肩对传球方向，重心落在右脚上。传球时，右脚蹬地，同时转体并迅速向前挥臂，手腕前扣，最后通过食指、中指、无名指的弹拨将球传出（图4-5）。

图4-4 双手胸前传球

图4-5 单手肩上传球

（三）投篮技术

投篮是篮球的核心技术之一，是进攻队员为将球投入篮筐而采用的各种专门动作的总称。投篮技术不仅是篮球比赛中的主要进攻技术，更是唯一的得分手段。无论是近距离的上篮、中距离的跳投，还是远距离的三分球，都需要精准的投篮技术来确保球能够顺利进入篮筐。因此，投篮技术的熟练掌握对于篮球运动员来说至关重要，它直接关系到比赛的胜负。

篮球运动中的投篮方式多种多样，如单手肩上投篮、双手胸前投篮、行进间投篮、跳起投篮等。这些不同的投篮方式适用于不同的比赛场景和对手防守情况。例如，面对身材高大的对手，运动员可能会选择跳起投篮来避免被封盖；而在比赛的最后关头，运动员可能会选择更稳定的双手胸前投篮来确保得分。因此，运动员需要根据比赛情况灵活选择最合适的投篮方式。此外，投篮技术需要长期的练习和磨炼。只有通过反复的训练和实践，运动员才能逐渐掌握投篮的技巧和手感。在训练中，运动员需要注重姿势、力量、速度和准确性的协调与配合。同时还需要学会调整自己的心态，保持冷静和自信，以便在比赛中更好地发挥投篮技术。

1. 单手肩上投篮

单手肩上投篮是一种常见的投篮方式，这种投篮方式要求球员将非主手放在球的侧面，而主手则托住球的底部，然后将球置于肩膀上。在投篮时，球员通过弯曲膝盖和腰部，以及伸展手臂和手腕，将球从肩膀上投出。这种投篮方式的优势在于，它具有较高的出手点，且出手速度快，使得球员能够避免防守球员的封盖。在篮球场上，机会往往转瞬即逝，而单手肩上投篮的快速出手能够帮助球员迅速把握机会，将球准确地投进篮筐。这种快速的出手速度也能够打乱防守球员的节奏，使其难以做出及时的防守反应。值得一提的是，单手肩上投篮的出手点高和出手速度快的特点，还使得球员在投篮时能够更好地控制球的弧线，从而提高投篮的命中率。同时还能够减少球员在投篮时的力量消耗，使得球员在比赛中能够保持更长时间的良好状态。

动作要领：（以右手投篮为例）左手扶球的左侧，右臂屈肘持球于头右侧上方，大臂与肩关节平行，大小臂约呈90°，肘关节不要外展，两脚前后或左右开立，两膝微屈，重心落在的两脚之间。投篮时，下肢蹬地发力，右臂向前上方举球，将要伸直时，手腕前屈，食指、中指用力拨球，通过指端将球投出，身体随之向前上方伸展（图4-6）。

2. 双手胸前投篮

双手胸前投篮也是一种常见篮球投篮方式，其特点在于双手共同承担投篮力量，通过双手的协同作用，使篮球能够更加稳定地离开手指。这种投篮方式要求球员在投篮前将球置于胸部前方，双手紧握篮球，保持手臂和手腕的放松。在投篮时，球员需要利用下肢和躯干的力量，将球从胸部推向前方，并通过双手的协调动作将球投出。

双手胸前投篮的优点在于其稳定性和易于结合其他动作。首先，由于双手共同承担投篮力量，球员可以更加稳定地控制球的出手方向和力度。其次，这种投篮方式可以与传球和突破动作相互转换，使球员在比赛中能够更加灵活地应对各种情况。对于女性球员而言，双手胸前投篮是一种非常实用的投篮方法。由于女性球员的上肢力量相对较弱，这种投篮方式可以在一定程度上弥补力量上的不足。通过双手的协同作用，女性球员可以更好地控制球的出手力度和方向，从而提高投篮的准确性。在实际应用中，双手胸前投篮可以在多种情况下发挥重要作用。例如，在进攻端，当球员面对防守球员的紧密防守时，可以通过双手胸前投篮的方式突破防守，完成得分。

动作要领：投篮的准备姿势与双手胸前传球的准备姿势基本一致，投篮前将球置于胸前，目视球篮，两肘关节自然下垂，两脚前后或左右开立，两膝微曲，重心落在两脚之间。投篮时，两脚蹬地，两臂向前上方伸出，两手腕同时外翻，拇指稍用力压球，使球通过拇指、食指、中指指端投出（图4-7）。

3. 行进间投篮

在篮球场上，行进间投篮是一项非常重要的技术。无论是进攻还是突破防守切入篮下，行进间投篮都是球员们最常用的得分方式。行进间投篮要求球员在接球或运球过程中，

图4-6 单手肩上投篮

图4-7 双手胸前投篮

通过迅速跨出一步来调整身体平衡，同时完成投篮动作。跨步投篮的特点是动作连贯、出手迅速，能够有效地突破防守并创造投篮机会。在进行跨步投篮时，球员需要注意以下几点：首先，要掌握好跨步的时机和步幅，以便更好地调整身体平衡；其次，要保持稳定的投篮姿势，确保出手的稳定性和准确性；最后，要注重投篮力量的控制，使球能够准确地命中目标。下面将详细介绍两种常用的行进间投篮动作要领。

（1）行进间单手肩上投篮动作要领：在运球行进或跑动行进中（以右手投篮为例），接球的同时右脚向前跨一大步，落地后，左脚向前跨一小步蹬地跳起，右腿提膝高抬，双手迅速举球于右肩上方。右手托球掌心向上，左手扶球，当身体腾空到最高点时，将球投出（图4-8）。

（2）行进间单手低手投篮动作要领：在运球行进或跑动行进中（以右手投篮为例），接球的同时右脚向前跨一大步，落地后，左脚向前跨一小步蹬地跳起，右腿提膝高抬，右手掌心向上托球，并充分向球篮方向伸展，抖腕，食指、中指用力拨球，通过指端将球投出（图4-9）。

4. 跳起投篮

跳起投篮，简称跳投，是一种高效且富有技巧性的篮球得分技术。跳投的突然性是其最大的特点。在比赛中，当球员面对防守球员时，通过突然的起跳和投篮动作，可以迅速摆脱防守球员的干扰，创造出投篮的空间，从而取得得分机会。出手点高也是跳投的一大特点。由于跳投是在空中完成的，球员可以将篮球从更高的位置投出，使得篮球在空中形成一

图4-8　行进间单手肩上投篮

图4-9　行进间单手低手投篮

道弧线，增加了投篮的命中率。同时，高出手点也使得防守球员难以封盖，因为防守球员需要跳得更高才能触及篮球，这无疑增加了防守的难度。除了突然性强和出手点高外，跳投还具有不易防守的特点。在比赛中，防守球员很难准确判断跳投的时机和路线，因为跳投可以在原地、运球（或接球）急停或结合转身等多种情况下使用。这使得防守球员在防守跳投时常常处于被动地位，难以做出有效的防守动作。此外，球员需要具备良好的身体素质和篮球技术，才能在比赛中发挥出跳投的威力。

（1）原地跳起投篮。

动作要领：准备动作与单手投篮基本一样。（以右手投篮为例）起跳时，起跳和举球动作同时完成。垂直起跳时，用腰腹力量保持身体平衡。当身体跳起至最高点时或接近最高点时，迅速伸臂，用手腕和手指的合力将球投出（图4-10）。

（2）运球急停跳起投篮。

动作步骤及要领：

①快速运球。在运球过程中，要保持节奏和速度的变化，以便在需要时能够迅速做出反应。这要求球员具备熟练的运球技巧，能够熟练掌握双手运球、换手运球等基础技巧。

②急停。当观察到投篮机会时，要迅速运用跳步或跨步急停，稳定身体重心，为接下来的起跳投篮做好准备。急停时要保持身体平衡，防止被防守者干扰。

③起跳。在急停的基础上，突然向上起跳，同时双手持球上举。起跳时要充分利用腿部力量，保持身体的协调性和稳定性。

④投篮。当身体接近最高点时，前臂向前上方伸直，手腕前屈，食指、中指用力拨球，通过指端将球投出。投篮时要保持手臂和手腕的放松，以便更好地控制球的轨迹和力度。

篮球运动中，运球急停跳起投篮是一项极具攻击性和技术含量的得分手段。它能够在进攻过程中突然改变节奏，迷惑防守者，从而创造出投篮的机会。为了更好地掌握运球急停跳投技巧，建议从以下两方面做起。

①多做基础练习：要想在比赛中熟练运用运球急停跳起投篮，首先要确保自己具备扎实的运球基础和投篮技术。因此，球员需要花费大量时间进行运球和投篮的基础练习，以提高自己的技术水平。

图4-10 原地跳起投篮

②提高身体协调性：运球急停跳起投篮需要球员具备良好的身体协调性。因此，球员需要加强身体素质训练，包括力量、速度、敏捷性等方面的训练，以提高自己的身体协调性。

第二节 足球运动

一、足球运动概述

（一）足球运动的概念、起源与发展

足球是一项以脚为主，控制和支配球，两支球队按照一定规则在同一块长方形球场上互相进行进攻、防守对抗的体育运动。比赛时，两支球队各由11名球员组成，目标是把球射入对方球门，进一球得一分，比赛结束时得分多的队获胜。足球运动强调球员的体能、速度、技巧、战术意识和团队协作能力，它是全球最受欢迎和影响力最大的体育项目之一，拥有庞大的球迷群体和职业赛事体系。

足球的历史可以追溯至古希腊，当时就有类似足球的球类游戏。现代足球始于英国，其前身是起源于中国古代的球类游戏"蹴鞠"，后经阿拉伯人传至欧洲，逐渐演变发展为现代足球。1848年，足球运动历史上第一部文字形式的规则《剑桥规则》诞生。1863年10月26日，英格兰成立了世界上第一所足球协会，并统一了足球运动的竞赛规则。1872年，英格兰与苏格兰举行了足球史上第一次正式比赛。1900年，在第二届夏季奥林匹克运动会中，足球被列入正式项目。1904年，国际足球联合会（FIFA）成立，足球开始走向国际化。1930年，第一届世界杯足球赛在乌拉圭举行，这标志着足球运动在全球范围内开始普及。随着时间的推移，足球比赛的组织和管理越来越规范，足球运动员的训练和比赛水平也不断提高。

现代足球运动在发展中经历了巨大的变革。从最初的皮革球到现在的合成材料球，从人工草坪到天然草坪，再到高科技的人造草坪，足球装备和比赛场地不断改进，以适应运动员的需求和提高比赛的观赏性。足球还承载着文化和社会意义，足球队常常被视为社区和国家的骄傲，球迷们通过支持自己的球队来表达对家乡和国家的热爱。足球明星和球队的成功往往能够激发民族自豪感，甚至在一些国家，足球比赛的结果可能会影响到国家的政治和社

会氛围。此外，电视转播和互联网技术的发展，使得足球比赛能够在全球范围内实时观看，进一步推动了足球运动的普及。

（二）足球运动的特点

首先，足球运动具有强烈的对抗性。在比赛中，球员们需要展现出极高的身体素质和勇气，以应对激烈的对抗和竞争。这种对抗性不仅体现在身体上的冲撞和争夺，更体现在战术和策略上的较量。

其次，足球运动的技术多样性和战术丰富性也是其独特之处。足球运动需要球员掌握各种技术动作，如传球、射门、控球等，同时还需要灵活运用各种战术策略，如进攻、防守、控球等。这些技术和战术的运用不仅要求球员具备扎实的技术基础，还需要球员具备灵活的思维和敏锐的洞察力。

再次，足球比赛的时间较长。这也为球员提供了充分的时间来展示他们的技术和战术水平。在比赛中，球员需要保持良好的体能和耐力，以应对长时间的比赛和高强度的对抗。因此，足球运动也适合那些具备一定运动基础和体能条件的人群参与。

最后，足球运动受众面广，形式丰富。尽管足球运动对参与者的身体条件有一定的要求，但足球运动的规则和形式却可以根据自身条件来灵活改变。这意味着不同年龄段、不同身体条件的人都可以根据自己的实际情况来参与足球运动。例如，青少年可以通过参与足球训练来提高自己的技术和战术水平，而成年人则可以通过参与业余足球比赛来保持身体健康和愉悦心情。有研究表明，越是足球产业发达地区，参与足球运动的人口年龄分布也越是广泛，这说明足球运动适合不同年龄段的人群参与。

二、足球运动基本技术

（一）基本球性技术

1. 左右拉球

动作要领：将球放置在身体前面，使用前脚掌将球踩住。以右脚踩球为例，将球顺着身体向右转，同时右脚跟随球的移动方向进行转动。在转动一定距离后，换到左脚将球踩住，再使用同样的动作向左转。这个动作看似简单，但要想熟练掌握，需要反复练习和不断的摸索。

学练方法：一人一球，刚开始的时候可以用慢动作来适应，一左一右地拉球，帮助自己建立对球的控制感。随着练习的深入，可以逐渐提高拉球的速度和频率，但要注意保持动作的准确性和稳定性。此外，拉球的力度也是需要掌握的关键，要将球控制在自己的脚下，既不能过于轻柔导致球失去控制，也不能过于用力导致动作僵硬。

2. 原地踩球

动作要领：首先，保持身体直立，两脚前后开立，与肩同宽或略宽。将球放在两脚之间，用前脚掌踩住球的上部。接下来，进行交换跳的动作，即一只脚踩住球，另一只脚抬起并向前跳跃，同时将踩球的脚抬起，让球从脚下滚过，然后用抬起的那只脚再次踩住球。重复这个动作，不断交换踩球的脚，同时保持身体的平衡。

在进行原地踩球练习时，需要注意以下几点。首先，刚开始练习时，踩球的脚不要用力过猛，以免失去平衡。要轻踩球，尽量保持身体的稳定。其次，目视前方，保持头部直立，不要低头看球。这样可以更好地锻炼身体的协调性和平衡能力。随着动作的熟练，可以逐渐加快频率，但不要让动作变形，以免影响效果。

学练方法：首先，从简单的动作开始练习，逐渐提高难度。可以先用一只脚踩住球，然后尝试进行简单的跳跃动作，再逐渐过渡到交换跳的动作。其次，注意保持呼吸的顺畅，避免憋气或呼吸急促。深呼吸有助于放松身体，提高练习效果。最后，可以与其他练习者一起进行原地踩球练习，相互观察、交流和纠正动作，以便更好地掌握技巧和提高水平。

原地踩球练习对于足球运动员来说具有诸多好处。首先，它可以提高脚下技巧，使球员更加熟悉球的触感和控制力。通过不断地踩球、跳跃和交换脚，球员可以锻炼自己的脚部肌肉，提高灵活性和敏捷性。其次，原地踩球练习有助于培养球员的平衡能力。在快速交换踩球的过程中，球员需要不断调整身体的重心和平衡，这有助于提高他们在比赛中的稳定性和应对能力。此外，原地踩球练习还可以提高球员的协调性和反应速度。在进行交换跳的过程中，球员需要迅速判断球的位置和落点，同时调整自己的动作和步伐。

3. 踩球进退

动作要领：首先是站立姿势，身体应保持直立，两脚开立，与肩同宽或略宽。左脚作为支撑脚，右脚则踩在球的上部，确保与球有良好的接触。当开始后退时，右脚踩住球的上部，用力向后拉球，使球沿着地面滚动。拉完球后，右脚迅速落地，成为支撑脚，同时左脚重复相同的动作，向后拉球。这样，两脚交替进行，形成连贯的后退动作。前进的动作则略有不同，但基本方法类似。在前进的过程中，一只脚将球向前轻轻推动，另一只脚则轻踩在原地，保持与球的接触。然后，交替进行，使球持续向前滚动。

学练方法：在练习过程中，建议从原地踩球开始，逐渐过渡到拉球后退和前进。初学者可以先设定一个15m的距离单元，从原地开始，完成后退练习后，再调整方向进行前进练习。这样反复练习，不仅可以提高控球能力，还能增强对球的位置和力量的感知。需要注意的是，在进行踩球进退练习时，目视前方是非常重要的。这有助于保持身体的平衡感和方向感，同时也有助于观察场上的队友和对手，做出正确的决策。此外，控制踩球的力量也是关键。力量过大可能导致球失控，力量过小则难以有效地控制球的滚动。因此，通过不断的练习和尝试，找到适合自己的踩球力度是非常重要的。

4. 胯下左、右脚传球

动作要领：上体直立，两脚左右开立，大于肩宽，足球放在两脚之间、靠在右脚内侧处。动作开始后，用右脚内侧部位敲击足球向左脚运动，在球将要到达左脚时，左脚使用同样的动作将球敲回，两个动作交替进行。

学练方法：开始时先用慢动作来适应练习，熟练之后就连续进行，注意目视前方，用脚去感受足球的运动；在适应原地练习之后可以加大难度，加上前进、后退的动作。

5. 侧身拉球前进

动作要领：较高的身体协调性和精准的脚部控制是关键。运动员首先需要侧身面对前进方向，将左脚作为支撑脚，稳定身体。接着，右脚踩在球的上部，这是整个动作的关键起始点。随着动作的开始，右脚用脚底滑动球向左侧滚动，这一过程中，球员需要保持身体平衡，确保球在控制之中。当右脚滑球落地后，左脚马上向左侧跨一步，支撑身体重心，同时右脚再次踩球向前滚动。两脚按各自动作交替练习，反复进行，直至熟练掌握。

学练方法：在学练过程中，运动员可以从分解练习开始，依次前进的左右脚交替为一个单元动作。每个单元动作都要力求准确和流畅，通过慢慢叠加，最终完成连贯的拉球前进。随着熟练度的提高，运动员可以尝试左右两边的练习，甚至进行拉球转圈的练习，以增加动作的多样性和实战性。运动员在比赛中根据场上情况灵活运用这一技巧。当面对防守球员时，通过侧身拉球前进，可以有效地突破对方的防线，创造出进攻的机会。此外，这一技巧还可以用于调整自己的位置，更好地与队友配合，形成进攻的合力。

6. 脚背正面颠球

动作要领：脚背正面颠球主要是利用脚趾上面和脚背正面接近趾关节的部位进行颠球。做这一动作时，支撑腿的膝关节应微屈，身体重心落在支撑脚上，以保持身体平衡。当球下落至膝关节以下时，颠球腿的膝、踝、小腿、大腿应适当放松，脚尖微翘，用脚面部位去触球的下中部，将球向上颠起。这个动作看似简单，实则需要反复练习，才能逐渐掌握其中的要领和技巧。

学练方法：在初学阶段，可以采用手抛球的方式进行练习。首先，用手将球抛起，当球下落至膝关节以下时，用脚将球颠起。开始时，可以一次只练习一只脚，随着熟练度的提高，再逐渐叠加次数。在练习过程中，要保持注意力集中，时刻关注球的落点和反弹高度，以便及时调整自己的动作和力度。当单脚颠球达到一定熟练度后，就可以尝试左右脚交替的颠球练习。这种练习方式不仅可以提高双脚的协调性和平衡能力，还能为后续的升级动作打下坚实基础。

当掌握了脚背正面颠球的基本技巧后，可以尝试一些更具挑战性的升级动作。例如，十二个部位的颠球练习：脚内外两侧颠球、脚背正面颠球、大腿颠球、胸部颠球、肩部颠球和头颠球等。这些动作不仅要求球员具备较高的球感和协调性，还能在一定程度上提高球员的身体素质和反应速度。在进行升级动作练习时，建议先从简单的动作开始，逐步挑战更难的部位。例如，在掌握了脚内外两侧颠球后，再尝试大腿颠球；在能够熟练地进行胸部颠球后，再挑战肩部颠球和头部颠球。通过循序渐进的练习方式，不仅可以逐步提高自己的技能水平，还能避免受伤。

（二）传球、接球

1. 传球

（1）脚内侧踢球。

动作要领：踢球时应直线助跑，跨步支撑时眼睛要看球。脚落地时足尖应与出球方向保持一致，距球10~15cm，膝关节微屈，两臂自然张开，维持好身体平衡。踢球腿以髋关节为轴由后向前摆动，在前摆过程中髋关节外展，脚翘起，脚内侧与出球方向约成90°，以大腿带动小腿快摆击球。击球时脚跟前顶，脚腕用力绷紧，以脚内侧部位击球的后中部。击球后，踢球腿应继续保持击球时的形状随球前摆（图4-11）。

学练方法：①开始先做模仿练习，两人一个球，同伴踩住球在原地，练习者根据动作要求做原地的模仿练习，注意控制触球时的力度。②对墙练习，距墙3m左右，原地进行练习，在规范动作的同时控制好力度和方向，开始时一次一次地完成练习，熟练后可做连续踢墙的练习。③两人对练，和同伴间隔3~5m，开始时一次一次进行传球，熟练后再逐渐进行连续踢传。

（2）脚背内侧踢球（图4-12）。

动作要领：斜线助跑，助跑方向与出球方向约成45°，支撑脚以脚掌外沿着地，踏在球的侧后方25~30cm处，膝关节微屈，足尖指向出球方向，身体稍向支撑脚一侧斜。在支撑脚着地的同时，身体顺势向出球方向转动，踢球腿以髋关节为轴，大腿带动小腿呈弧形由后向前摆动。当膝盖提到接近球的内侧垂直上方的刹那，小腿加速前提，脚尖稍外转，脚面绷直，脚趾扣紧，脚内侧指向斜下方，以脚背内侧部位击球的后下部。踢球后，踢球腿随球继续前提。

学练方法：①原地模仿练习，两人一组，一人原地踩住球，练习者根据动作要领进行练习，注意触球的部位，控制力度。②对网练习，有条件进行此练习的，可距离网10~15m进行练习。③两人对练，间隔10~15m，踢球时注意控制力度和方向。

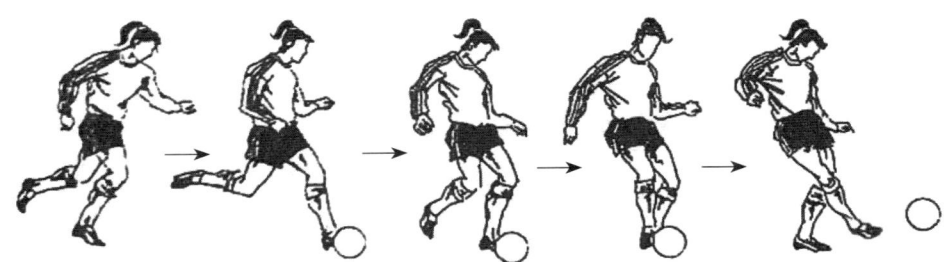

图4-11 脚内侧踢球

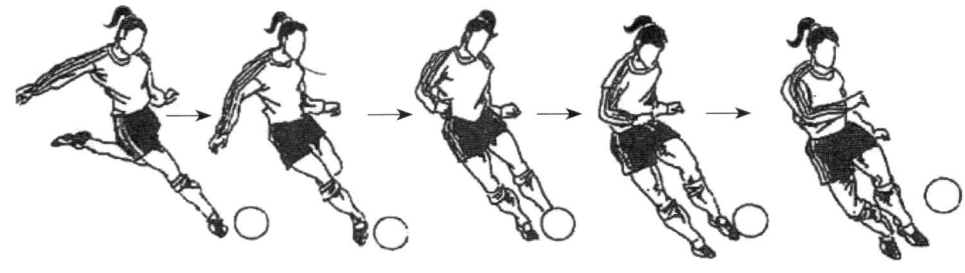

图4-12 脚背内侧踢球

（3）脚背正面踢球（图4-13）。

动作要领：直线助跑，随着身体与球接近，两眼要紧紧地盯住球。跨步支撑时步幅要大而积极，支撑脚一般踏在球的后沿侧方10~15cm处，足尖与出球方向一致，膝关节微屈。踢球腿在跨步支撑的同时大腿后引，小腿尽力后屈。在支撑脚着地的同时，弓身送髋。在支撑腿由斜撑过渡到直撑的同时，以髋关节为轴，大腿带小腿由后向前摆动。当膝盖提至接近球的后上方时，小腿加速前提。击球时，脚背绷直，脚腕压紧，以脚背的正面击球的后中部。击球后，踢球腿应随球继续前摆。

学练方法：①原地模仿练习，两人一组，一人原地踩住球，练习者根据动作要领进行练习，注意触球的部位，控制力度。②面对球门，在大禁区线上摆定足球，瞄准球门区域进行练习。

2. 接球

（1）脚内侧接球（图4-14）。

动作要领：支撑脚脚尖对准来球方向，膝关节微屈，侧肩正对来球。接球腿提膝、大腿外展，脚尖微翘，脚底基本与地面平行，脚内侧正对来球并前迎，当脚内侧与球接触的一刹那迅速后撤，把球接在脚下。

学练方法：结合脚内侧踢球的技术，一传一停。

（2）脚掌接球（图4-15）。

动作要领：身体正对来球方向，移动前迎，支撑脚站在球的侧面（或前或后均可），脚尖正对来球方向，膝关节微屈。同时接球腿提起，膝关节微屈，脚略背屈，使脚底与地面约小于45°（且脚跟离开地面），一般以前脚掌接触球的上部为宜。在触球瞬间接球脚可轻微

图4-13　脚背正面踢球

图4-14　脚内侧踢球

图4-15 脚掌接球

图4-16 脚背正面接球

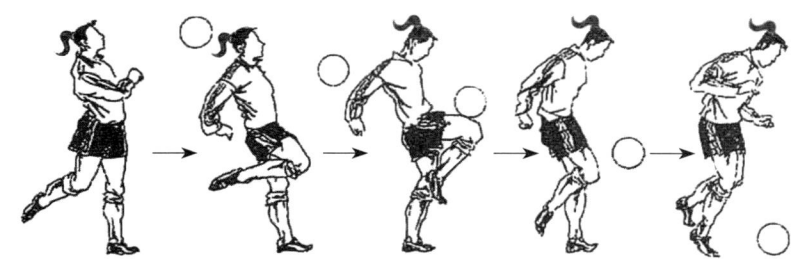

图4-17 大腿接球

跖屈（前脚掌下点）将球停住，也可根据需要在接球同时将球推向前方或拉向身后。

学练方法：①结合脚内侧接球进行练习。②结合脚背内侧踢球技术，等球落地之后进行反弹球的脚掌接球练习。

（3）脚背正面接球（图4-16）。

动作要领：要根据球的落点，及时移动到位。脚背正面上迎下落的球，在球与脚面接触的一瞬间，接球脚与球下落的速度同步下撤，此时大腿膝关节、踝关节、脚趾均保持适度的紧张，脚尖微翘将球接到需要的地方。

学练方法：①两人一组进行抛球练习，注意抛球要有一定的高度。②结合脚背内侧踢球技术，两人一组进行传球、接球练习。

（4）大腿接球（图4-17）。

动作要领：面对来球方向，根据球的落点迅速移动到位，接球腿大腿抬起，当球与大腿接触的瞬间，大腿积极下撤将球接到需要的位置上。

学练方法：①两人一组进行抛球练习，注意抛球的高度和方向。②结合脚背内侧踢球技术进行传球、接球组合练习。

（5）胸部接球（挺胸式）（图4-18）。

动作要领：面对来球站立（两脚左右或前后开立），两膝微屈，重心置于支撑面内，上体后仰，下颌微收，两臂自然张开，维持身体平衡。接触球瞬间，两脚蹬地，膝关节伸直用胸部轻托球的下部使球微微弹起于胸前上方。

学练方法：①两人一组进行抛球练习，注意抛球时要使球有一定的弧度。②结合脚背内侧踢球技术进行传球、接球组合练习。

（三）运球

1. 脚背内侧运球

动作要领：身体稍侧转并自然放松，步幅小，上体前倾，运球腿提起外展，膝微屈外转，提脚跟，脚尖外转，使脚背内侧正对运球方向，在运球脚落地前用脚背内侧推拨球，使球随身体前进（图4-19）。

学练方法：①直线运球，在球场找一条直线为参照，控制运球的路线，尽量按照直线方向行进。②障碍运球，在直线方向摆放标志桶，进行运球练习。

2. 脚背正面运球

动作要领：运球时身体持正常跑动姿势，上体稍前倾，步幅不宜过大，运球腿提起，膝关节稍屈，膝关节前送，提脚跟，脚尖下指，在着地前用脚背正面部位触球后中部将球推送前进（图4-20）。

学练方法：①直线运球，在球场找一条直线作为参照，控制运球的路线，尽量按照直线方向行进。②变速运球，在熟悉了直线运球的基础上，在行进的速度上进行变化，加快触球的频率，提高运球的速度。

3. 脚背外侧运球

动作要领：运球时身体持正常跑动姿势，上体稍前倾，步幅不宜过大，运球腿提起，膝关节稍屈前摆，脚趾稍内转，使脚背外侧正对运球方向，在运球脚落地前用脚背外侧推拨球的后中部（图4-21）。

学练方法：①直线运球，在球场找一条直线为参照，控制运球的路线，尽量按照直线方向行进。②变速、变向运球，熟悉直线运球时候，可进行变速运球，同时也可以加上方向上的变化。

图4-18　胸部接球（挺胸式）　　　　图4-19　脚背内侧运球

图4-20　脚背正面运球　　　　　图4-21　脚背外侧运球

（四）射门

1. 推射

在近距离进行射门时，一般采用推射的方式，即脚内侧踢球技术。

学练方法：①小禁区附近面对球门进行推射练习。②在球门线上间隔摆放标志桶，使用推射方式瞄准目标进行射门练习，提高射门的准确度。

2. 抽射

在中远距离进行射门时，一般采用抽射的方式，即脚背正面踢球技术和脚内侧踢球技术。

学练方法：①在禁区线弧顶位置面对球门进行原地的射门练习。②将球门用标志桶分割成几部分，进行踢准练习。③增加远度，尝试远距离射门。

第三节
排球运动

一、排球运动概述

（一）排球运动的概念、起源与发展

排球是用双手做发球、垫球、传球、扣球等动作来组织进攻和防守的球类运动项目之一，其球场呈长方形，中间隔有高网，比赛双方（每方六人）各占球场的一方，球员用手把球从网上空打来打去。排球运动使用的球，用羊皮或人造革做壳，橡胶做胆，大小和足球相似。

排球运动自1895年在美国诞生以来,已走过了百余年的历程。这项运动最初被称为"空中飞球",仅仅是一种消遣游戏。1900年左右,排球自美国传入加拿大。1905年左右,排球传入古巴、巴西等国家,成为当时风靡美洲的一项时尚运动。1949年,首届世界男子排球锦标赛在捷克斯洛伐克的布拉格成功举办。

排球运动的世界大赛如世界锦标赛、世界杯赛、奥运会排球赛等,吸引了全球最优秀的排球运动员参赛。中国女排在20世纪八十年代夺得的"五连冠",无疑是中国排球历史上的辉煌篇章,极大地激发了全民学排球的热情。而后,中国女排再次获得三连冠,并夺得2004年雅典奥运会的冠军,更是重新点燃了人们对排球运动的热情。

(二)排球运动的特点

1. 场地设备简单,运动量可大可小

排球场地设备相对简单,只需一个排球、一个场地和几个球员即可开始比赛或训练。场地大小适中,既可以在专业的排球场上进行比赛和训练,也可以在一般空地上进行活动。这样的特点使得排球运动具有很高的普及性和参与性。

同时,排球运动量的可调节性也是其一大特色。无论是初学者还是专业运动员,都可以通过调整比赛的节奏、强度和时间来适应自己的身体状况和训练需求。因此,排球运动适合不同年龄、性别、体质和训练程度的人参与,让每个人都能在其中找到适合自己的运动方式。

2. 击球精准度高,反应速度快

在排球这项运动中,运动员们在执行各种技术动作时,如传球、扣球、拦网以及发球等,都必须在球处于空中悬浮状态的那一刻进行准确无误的击打。运动员们必须具备出色的时间感和空间感,以便在比赛中准确判断球的飞行轨迹和落点,从而做出快速而准确的反应。这种对时间和空间判断能力的高要求,是排球运动区别于其他球类运动的一个显著特点,也是排球运动员必须掌握的核心技能之一。

3. 触球时间短促

在排球比赛的规则体系中,有一项非常重要的规定,那就是严格禁止运动员在比赛中出现"持球"的行为。所谓"持球",是指球在运动员手中的停留时间过长,超出了规则所允许的范围。这项规定要求运动员必须具备极高的技巧和反应速度,因为在比赛中,球在运动员手中的停留时间非常短暂,几乎是在瞬间完成对球的控制。运动员在接球、传球或扣球时,必须迅速而准确地判断球的力量、速度和方向,然后立即做出相应的动作。这种对球的瞬间控制能力,也是排球运动员必须具备的基本技能之一。这种技能的培养需要长时间的训练和实践,以确保在紧张激烈的比赛中,运动员能够自如地应对各种球路和情况。排球运动员在比赛中展现的这种控球能力,不仅体现了个人的技术水平,也是整个团队战术配合和默契程度的重要体现。这种能力的高低,往往直接关系到比赛的胜负,是排球运动中一个不可忽视的关键因素。

4. 全身各部位均可触球

在排球的竞赛规则中,运动员被赋予了相当大的自由度,他们可以利用身体的任何部

位来触碰球体。这种规则的设定极大地丰富了运动员在比赛中的击球手段和战术布局。由于运动员可以使用头部、手臂、腿部等不同的身体部位来击球，这不仅使得比赛中的每一次击球都充满了变化，而且也为教练和运动员提供了更多的策略思考空间。这样的规则使得排球比赛变得更加多样化，每场比赛都充满了悬念和不可预测性，观众也因此能够欣赏到更加精彩和紧张刺激的比赛场面。同时，这也对运动员的技术和战术素养提出了更高的要求，他们必须具备快速反应和灵活应变的能力，以适应比赛中不断变化的局势。排球竞赛规则的这一特点，不仅提升了比赛的观赏性，也促进了这项运动技术的不断发展和完善。

5. 位置轮转的全面性

在排球比赛中，运动员们必须遵循一定的轮换规则，这要求他们在场上不断地变换自己的位置。这种位置的轮换意味着每一位运动员不仅仅要负责在前排的进攻和拦网任务，同时也要在后排承担起防守和接发球的责任。这样的轮转机制对运动员提出了更高的要求，他们必须全面地掌握排球的各项技术，无论是进攻还是防守，都要做到游刃有余。只有这样，运动员们才能在比赛中灵活应对，确保球队的整体战术得以顺利执行，从而提高整个队伍的竞技水平和比赛成绩。

二、排球运动基本技术

（一）准备姿势和移动技术

1. 准备姿势

排球运动作为一项集技巧与策略于一体的运动，对于运动员的身体素质和准备姿势有着极高的要求。在排球比赛中，准备姿势——半蹲（图4-22），是运动员在传球、垫球、拦网等动作中运用最为频繁的基础姿势。这种姿势不仅能够帮助运动

图4-22 半蹲姿势

员更好地保持身体平衡，还能够迅速调整身体姿态，以应对比赛中的各种变化。

要正确掌握半蹲姿势，首先要注意两脚的站立方式。运动员应将两脚左右开立，宽度略比肩宽，或者稍分前后，以保持身体的稳定性。同时，脚尖应稍内扣，脚跟提起，这样有助于将身体的重心放在两只脚掌上，使运动员在比赛中更加稳定。

在调整膝关节时，运动员需要注意弯曲角度，以便在保持平衡的同时，也能够迅速作出反应。此时，双脚不宜站得太死，以免影响身体的灵活性。同时，上体应稍前倾，以便更好地观察场上的情况，并随时准备作出应对。

在手臂的放置上，运动员应放松两臂，使两肘弯曲并自然下垂，双手置于胸腹之间。这样的姿势既有助于保持身体的平衡，又能够方便运动员随时调整手臂的位置，以应对不同的比赛情况。

2. 移动技术

在排球比赛中，运动员的移动不仅仅是简单的位置变换，而是战术执行、反应速度、身体协调性和击球效率的综合体现。为了及时接近球，保持与球的最佳位置关系，运动员需要掌握多种移动方法，包括并步法、滑步法、跨步与跨跳步法、交叉步法和跑步法等。

（1）并步法：当球距离身体一步左右时，运动员常采用并步移动。这种方法要求运动员根据球的方向，先迈出一步，然后迅速用另一只脚跟上，以保持身体平衡和击球准备姿势。并步可以向各个方向移动，是排球比赛中最基础的移动方式之一。在练习时，运动员需要注意保持身体重心的稳定，避免起伏，以确保移动迅速而准确。

（2）滑步法：当球距离稍远，并步无法接近时，运动员可以采用滑步。滑步是连续的并步，要求运动员在快速并步的同时，及时调整身体重心，保持身体平衡。变换方向时，运动员需要有良好的制动能力，以便快速调整位置。

（3）跨步与跨跳步法：当球较低且距离身体约2m时，跨步和跨跳步是常用的移动方法。运动员在移动时，一脚支撑并蹬地，另一脚向球的方向跨出一大步，然后迅速屈膝全蹲，身体前倾，准备击球。如果球过低，无法用跨步接近，运动员可以采用跨跳步，通过加大后蹬力量使身体腾空，然后迅速落地并准备击球。

（4）交叉步法：当球距离身体约3m时，交叉步是常用的移动方式。这种方法在二传、拦网和防守中尤为常见，其特点是动作快、步子大、易制动。向右侧移动时，运动员需要稍向右转身体，左脚从右脚前向右迈出一步，然后右脚再向右跨出一大步，呈准备姿势。

（5）跑步法：当球距离较远时，运动员常采用跑步法接近球。在跑步过程中，运动员需要边跑边注视球，判断球的落点，同时两臂不可过早地做击球的准备动作，以免影响跑速。跑步法要求运动员具备良好的速度、耐力和方向感，以便在比赛中快速而准确地到达最佳击球位置。

3. 准备姿势和移动技术的练习方法

（1）在老师的口令下做准备姿势，两脚左右开立，比肩稍宽，两腿屈膝半蹲，上体前倾，脚跟稍提起，抬起手臂屈肘置于体前，两眼看球，全身放松，保持待发状态。

（2）在跑步或走动中听哨音做准备姿势。

（3）在做好准备姿势的情况下，根据老师指示的方向做并步、滑步、跨步、交叉步等步伐练习。

（二）发球

1. 正面下手发球

（1）准备姿势：两脚前后开立，左脚在前，面对球网，两膝微屈，左手持球于腹前。

（2）抛球：左手将球抛在体前右侧，高20~30cm，抛球的同时，右臂伸直，以肩为轴向后摆动。

（3）击球：右脚蹬地，右臂由后向前摆动，身体重心随右手的摆动移至前脚，右手在腹前以全手掌、掌根或虎口击球的后下方。击球时手腕、手指不要紧张，击球后顺势入场比赛（图4-23）。

图4-23 正面下手发球

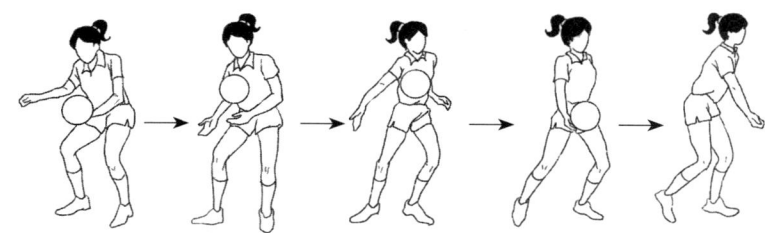

图4-24 侧面下手发球

2. 侧面下手发球

（1）准备姿势：左肩对网，两脚左右开立，与肩同宽。两膝微屈，上体稍前倾，重心落在两脚之间，左手持球于腹前。

（2）抛球：左手将球平稳地抛向胸前一臂远、高40～50cm的地方，同时右臂引向侧后方。

（3）击球：利用右脚蹬地向左转体的力量，带动右臂向前上方摆动，在腹前用全手掌击球的右下方，击球后顺势进场（图4-24）。

3. 正面上手发球

（1）准备姿势：面对球网，两脚前后开立，左脚在前，左手托球于体前。

（2）抛球：左臂抬起，左手掌托球平稳上送，将球垂直抛向右肩前上方，高度适中。同时右臂屈肘后引，肘与肩平，上体稍向右转，抬头挺胸展腹，重心移至右腿。

（3）击球：利用右脚蹬地，使身体向左转动、收腹，以腰带肩，以肩带臂、腕，使右臂向前、向上挥摆，在右肩的前上方伸直手臂，用全手掌击球的中下部，触球的瞬间，手腕主动推压，使击出的球呈上旋飞行，击球后迅速进场比赛（图4-25）。

（三）垫球

1. 正面双手垫球

（1）准备姿势：正对来球成半蹲准备姿势。

（2）垫球的手形：垫球的手形有抱拳式、叠掌式和互靠式（图4-26）。应用最广泛的是叠掌式。其做法是：两手掌根靠拢，手指重叠，合掌互握，两拇指平行。

（3）击球：在球飞到腰腹前一臂距离时，两臂夹紧前伸插到球下。两脚蹬地，两臂的

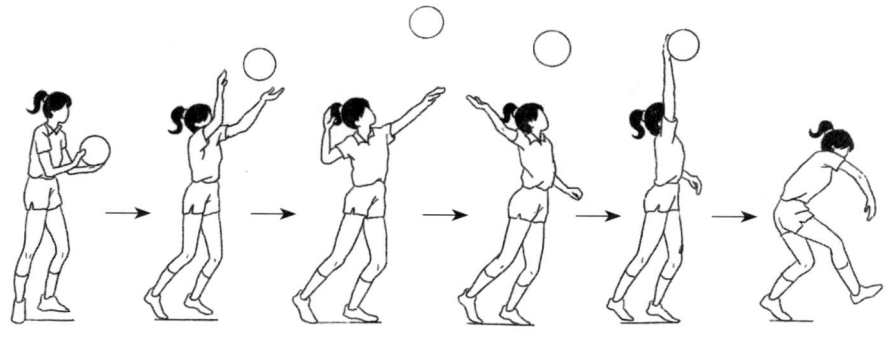

图4-25 正面上手发球

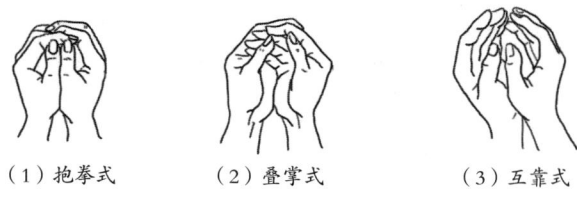

（1）抱拳式　　（2）叠掌式　　（3）互靠式

图4-26 正面双手垫球手形

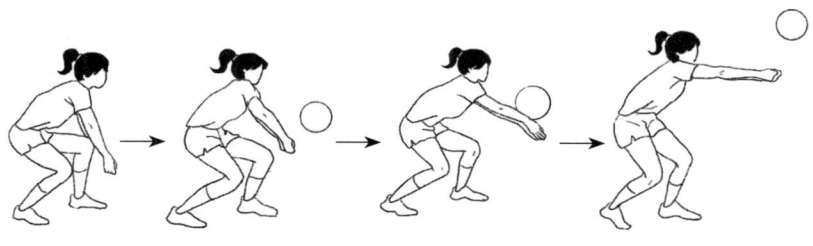

图4-27 击球

肩上抬，同时压腕，用前臂腕关节以上10cm左右的桡骨侧平面迎击来球。随着垫击动作重心前移，在胸腹前一臂的距离处垫击来球的后下部位（图4-27）。

2. 体侧垫球

在接发球和防守时，身体来不及正对来球，常采用体侧垫球。球向右侧飞来时，左前脚掌内侧蹬地，右脚向右跨出一步，重心移至右脚上，右膝弯曲，两臂夹紧向右侧伸出，左肩微向下倾斜，右臂稍高，用向左转体的动作，两臂由右后方向前截住来球，用前臂垫击来球的后下部位（图4-28）。

3. 背向垫球

在球飞得较远时，迅速移动至球的落点，背对出球方向，两臂夹紧伸直，抬头挺胸，展腹后仰，直臂向后上方摆动抬送，在高于肩处将球击出（图4-29）。

4. 垫球技术的练习方法

（1）两人一球，甲持球置于乙的小臂击球部位，乙做垫球动作。

（2）两人一球，相距4～5m，一抛一垫。

图4-28 体侧垫球

图4-29 背向垫球

思政课堂

从球类运动中学会团队合作

在球类运动中，团队合作无疑是我们实现比赛胜利的核心要素。通过队员间的默契配合和共同努力，不仅能够实现比赛目标，还能提升整体实力和培养团队精神。那么，团队怎样才能更好地合作呢？

1. 树立共同目标

球类运动，尤其是团队竞技项目，往往需要队员们共同努力，树立共同的目标，才能实现比赛胜利。在这个过程中，每个队员都要明确自己的角色和任务，发挥自己的特长，为团队的胜利贡献力量。例如，在足球比赛中，前锋要负责进攻得分，中场要组织进攻和防守，后卫要稳固防线，而门将则是守护球门的最后一道防线。每个队员都要在自己的位置上发挥出色，相互协作，通过多种方式确保团队在比赛中始终保持高效运转，从而战胜对手。

2. 培养团队精神

队员之间的良好信任，有利于形成紧密的团队关系。在球类运动中，队员们需要相信队友的能力和判断。这种信任是建立在长期的合作和默契基础之上的，它能够使队员们在比赛中更加放心地传球、射门、防守等动作，提高比赛效率。同时，团队合作也需要队员们具备良好的沟通能力，通过不断的沟通和交流，队员们之间的默契程度将逐渐提高，团队合作也将更加紧密。

在球类运动中，团队合作是实现比赛胜利的关键。通过树立共同目标和培养团队精神，队员们可以共同为团队的胜利而努力，这种精神不仅在比赛中具有重要作用，还将对队员们的成长和未来发展产生深远影响。

思考与练习

❶ 篮球的基本技术有哪些？
❷ 足球的基本技术有哪些？
❸ 排球的基本技术有哪些？

第五章

球类运动（二）——乒乓球、羽毛球、网球

学习目标

1. 正确认识乒乓球、羽毛球、网球运动。
2. 掌握乒乓球、羽毛球、网球运动的基本技术。
3. 正确认识三小球运动中的竞技精神。

乒乓球、羽毛球和网球是深受大学生喜爱的小球类运动项目。乒乓球以其独特的旋转和速度，考验着学生的反应和手眼协调能力；羽毛球要求学生在灵活的移动中，准确判断并击打飞速的球；而网球更侧重于力量和耐力的较量，需要学生在广阔的场地上不断奔跑和挥拍。这三项运动不仅锻炼了大学生的身体素质，还提高了他们的专注度和竞技水平，带来了挑战自我、超越自我的机会。

第一节
乒乓球运动

一、乒乓球运动概述

（一）乒乓球运动的概念、起源

乒乓球运动是一种以两人或四人在球台两端，用球拍轮流击球，使球越过球网并落在对方球台上得分的球类运动。其场地和设备要求简单，室内外均可进行，运动量可大可小，不同年龄、性别和身体条件的人都可以参与。参与者需要具备良好的反应速度、身体协调性、控球技巧和战术策略。乒乓球运动对于提高身体素质、增强心肺功能、锻炼眼部灵活性以及培养人的意志力和竞争意识都具有积极的作用，是一种广受欢迎的球类体育项目。

乒乓球运动的起源有多种说法。根据国际乒乓球联合会等的资料，乒乓球运动大约在19世纪末的英国诞生。这项运动源于网球，有着深厚的历史背景。19世纪末，欧洲盛行网球运动，但由于受到场地和天气的限制，英国有些大学生便把网球移到室内，以餐桌为球台，书作球网，酒瓶软木塞作球，羊皮纸作球拍，在餐桌上打来打去，形成"桌上网球"游戏。1890年，一位名叫詹姆斯·古布（James Cibb）的英国著名越野跑运动员在美国旅行时，偶然发现了一种用"赛璐珞"（合成塑料）制成的空心玩具球，其弹性非常好。他受到启发，稍作改进后，这种球便代替了软木塞和橡胶球，成为乒乓球的雏形。后来，原来的拍子改为了木拍，由于拍击球时发出的"乒乓"声，人们便将这项运动命名为乒乓球。自此，乒乓球运动在英国乃至全球逐渐流行并推广开来。

（二）世界乒乓球运动的发展

乒乓球运动的发展历程，可以说是球拍工具不断革新的过程，这也使得乒乓球在速度和旋转技术方面不断变化并向前发展。从1926年第一届世界乒乓球锦标赛至今，乒乓球运动的发展可分为几个关键阶段。

首先是欧洲全盛期，这一阶段欧洲国家在乒乓球运动上占据领先地位，主流打法就是欧洲的削球。随后，优势转向亚洲，日本的长抽打法在乒坛上称霸一时。进入第三发展阶段，中国的直拍近台快攻打法崭露头角，登上了世界乒坛的舞台。接着是欧洲乒乓球的复苏，欧洲各国开始重视并投入更多资源发展乒乓球运动。最后，随着乒乓球运动进入奥运时代，欧亚之间的竞争变得更加激烈，乒乓球运动在全球范围内的影响力也在不断扩大。

（三）中国乒乓球运动的发展

乒乓球运动大约在1904年进入我国，但早期仅在上海、北京、天津、广州等几个大城市中开展。中华人民共和国成立后，党和政府高度重视乒乓球运动的发展，我国乒乓球运动取得了长足进步。

1953年，我国首次参加了第二十届世界乒乓球锦标赛，标志着我国乒乓球运动正式走向世界舞台。1959年，我国运动员容国团首次获得世界乒乓球锦标赛男子单打冠军，实现了历史性突破。此后，我国乒乓球运动不断发展壮大，培养了一批又一批优秀的运动员和教练员。

为了推动乒乓球运动的普及和提高，我国还积极总结经验教训，在抓好竞技水平提升的同时，也注重后备力量的培养。这些举措为我国乒乓球运动的持续发展奠定了坚实基础。在1995年的第四十三届世界乒乓球锦标赛和1996年的亚特兰大奥运会上，我国乒乓球运动员奋力拼搏，再次囊括了全部比赛项目的冠军，为我国乒乓球运动的辉煌历史添上了浓墨重彩的一笔。

如今，中国乒乓球运动已经站在了世界之巅，它不仅展现了中国人民的勇气和智慧，也促进了中国体育事业的发展。

二、乒乓球运动基本技术

（一）准备姿势

乒乓球运动的准备姿势就是进行比赛时的站位与身体姿势。

1. 站位

根据各种不同类型的技术特点、身体的高度和能照顾全台的要求来决定站位。

（1）快攻型（图5-1）。

①左推右攻打法的基本站位在近台，离台30～40cm，偏左。

②两面进攻打法的基本站位也在近台，离台40～50cm，中间略偏左。

（2）弧圈类。

以弧圈球为主打法的基本站位在中台，离台50cm左右，偏左。

图5-1　快攻站位

（3）削球类。

横拍攻削结合打法的基本站位在中台附近；以削为主配合反攻打法的基本站位在中远台附近。

2. 身体姿势

身体姿势就是在击球时身体所保持的合理姿势。身体姿势要求做到：两脚平行站立，距离比肩膀稍宽，身体重心在两脚之间，保持平稳。

（1）足跟稍提起，前脚掌着地，两膝微屈并稍微内扣，上体稍前倾，收腹以便加快运动。

（2）持拍手臂自然弯曲，直握拍的肘部略向外张，手腕放松，球拍置于腹前，以利于左右照顾，加快击球速度；横握拍的肘部朝下，前臂自然平举。拍面角度可根据不同打法，采取前倾或者稍后仰均可。

（二）基本步法

步法是击球的基本环节之一。

1. 单步

一只脚为轴，另一只脚向前、后、左、右不同方向移动，重心随之跟上（图5-2）。

2. 跨步

一只脚蹬地，另一只脚向移动方向跨一大步。

3. 并步

一只脚先向另一只脚移（或叫并）半步或一小步，另一只脚在并步脚落地后即向同方向移动（图5-3）。

4. 跳步

以来球同方向脚蹬地为主，双足有瞬间的腾空，离来球较远的脚先落地，另一只脚跟着离地。

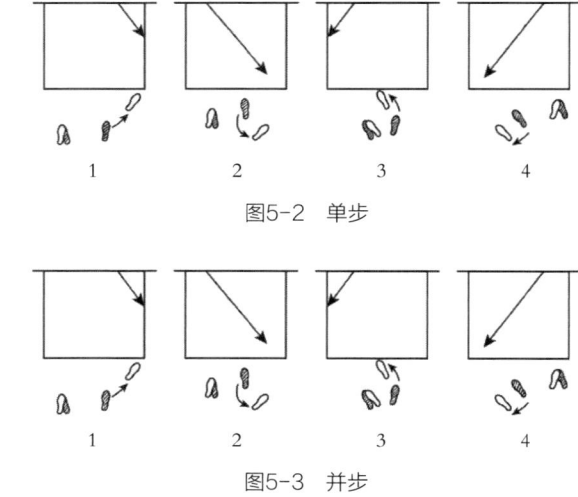

图5-2　单步

图5-3　并步

5. 交叉步

近来球方向的脚尖先向前转向移动方向，并略移半步或原地调动一下重心；远来球方向的脚再向来球方向跨一大步，在身体前（侧）瞬间呈交叉状态。身体随之向来球方向移动，另一只脚再跟上一步，身体重心随手臂挥动方向略转。在远来球方向脚跨出的一步将落地时进行击球，另一只脚移动时击球已完成（图5-4）。

（三）发球

1. 发球的种类

划分发球种类的方法多种多样，如按方位来划分，可分为正手发球、反手发球、侧身发球；按发球的性质来划分，可分为速度类发球、落点类发球、单一旋转类发球和混合旋转类发球；按形式的不同来划分，又可分为低抛球、高抛球和下蹲发球等。发球的种类很多，但归根结底是和速度、旋转、落点分不开的。

2. 发球的技术

（1）发平击球。

①正手发平击球时，右脚稍后，左脚在前，身体稍向右转，左掌心托球，置于体前偏右，右手持拍，置于身体右侧。当球向上抛起时，同时右臂稍向后引拍，接着从身体右后方向前挥拍，在球降至网高时击球，拍面稍前倾、触球中上部（图5-5）。

②反手发平击球时，右脚在前，身体稍向左转，引拍至身体左侧。球向上抛起后，右手持拍从身体左侧向前挥拍，拍面稍前倾，在球降至网高时击球中上部。

（2）发急球。

①正手发急球：右脚稍后，身体稍向右转，右手持拍于身体右侧。当持球手将球抛起后，持拍手随即向右后上方引拍，待球下落时前臂迅速向后左方向前挥动，拇指压拍，拍面略向左偏斜，稍前倾，当球降至约与网同高时击球，球拍沿球的右侧中部向中上部摩擦。击球后，前臂和手腕随时向前挥动（图5-6）。

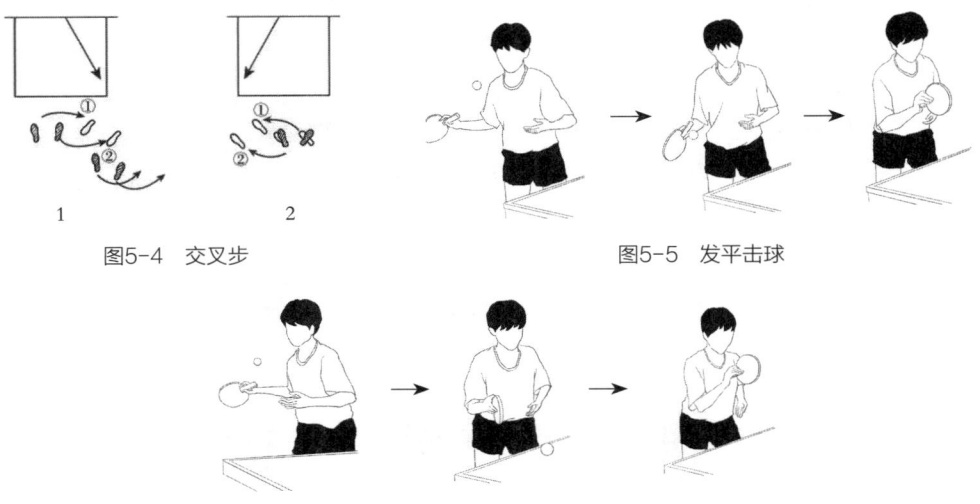

图5-4 交叉步　　　　　　　　　图5-5 发平击球

图5-6 正手发急球

②反手发急球：右脚稍前，身体稍向左转，左掌心托球位置为腹前左侧，右手持拍。抛球后，待球下落时前臂迅速向前挥动，击球点应与网同高或比网稍低，拍面稍前倾，击球中上部。击球后，前臂和手腕随势向前挥动（图5-7）。

要点：击球点约与网同高或稍比网低。发正手急球时，手腕向前使劲抖动；发反手急球时，以持拍手肘为中心，前臂向右前方横摆发力击球。第一落点应在本方球台的端线附近。

（3）反手发短球。

准备姿势与反手发急球相似。持球手将球向上抛起，持拍手向后上方引拍，当球下落时，前臂手腕向下方挥动，在比网稍高时，击球的中下部，球经本方球台中段越网落到对方近网处。

要点：抛球不要过高，击球时，前臂突然内旋，使拍面稍后仰，轻击球中下部。

（4）正手发左侧上下旋球。

右脚在后，抛接球时，持拍手向右上方引拍，手腕略向外展。当球下落时，手臂迅速向左下方挥动，在与网同高时触球，触球瞬间手腕快速向左上方转动，使球拍从球的中下部偏下向上方摩擦。发左侧下旋球时，手腕快速向左下方转动，使球拍从球的中下部向左下方摩擦（图5-8）。

要点：触球时，前臂由右向左上方挥动，使球拍从球的中部略偏下向左上方摩擦；发左侧球时，前臂由右向左下方挥动，使球拍从球的中下部向左下方摩擦。手腕要配合发力。

（5）反手发右侧上下旋球。

左脚在前。持拍手向左上方引拍，拍柄略向下。抛球后，当球下落时，前臂和手腕同时发力，向右下方挥拍，在与网同高时击球，出球瞬间手腕向右上方转动，使拍从球的中部略偏下向右上方摩擦。发右侧下旋球时，手腕向右下方转动，使拍从球的中部略偏下向右上方摩擦（图5-9、图5-10）。

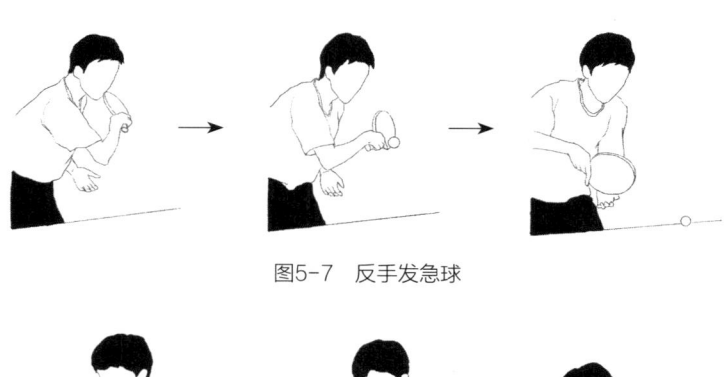

图5-7 反手发急球

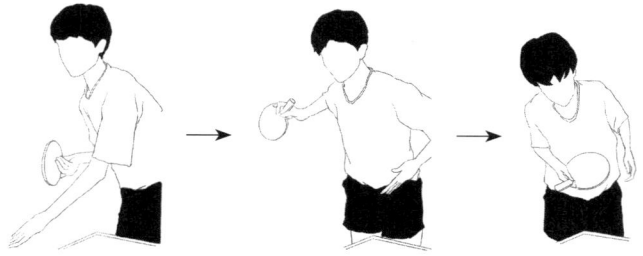

图5-8 正手发左侧上下旋球

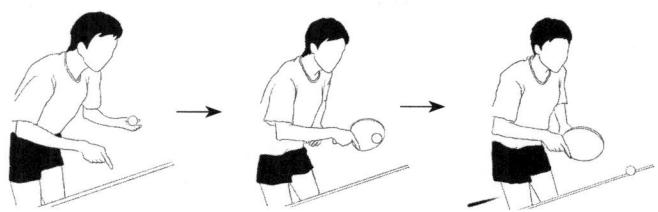

图5-9 反手发右侧上旋球

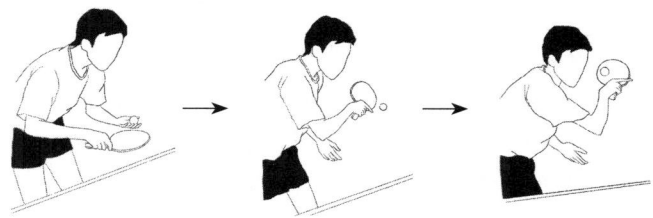

图5-10 反手发右侧下旋球

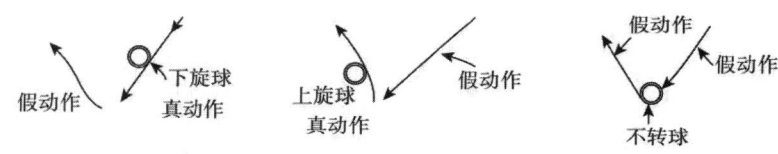

图5-11 正手发转和不转的球

要点：发右侧上旋球时，前臂由左向右上方挥动，触球中部略偏下向右上方摩擦；发右侧下旋球时，拍面稍后仰，从球的中下部向右侧下摩擦。要充分利用手腕转动来配合前臂发力。

（6）正手发转和不转的球。

右脚在后，前臂向后上方引拍，拍面略后仰。抛球后，待球下落时前臂迅速向前下方挥动并略外旋，手腕用力转动使拍面后仰角度大些，约与网同高时击球，摩擦球的中下部。发不转的球时，手臂向前下方挥摆，前臂外旋，手腕的转动要慢，或外旋后在触球瞬间略有内旋，使拍面后仰角度小些，用球拍下部偏右处向前撞击球，减小向下摩擦力（图5-11）。

要点：前臂与手腕配合发力，摩擦球的中下部；发不转球时，减少拍面的后仰角度，并稍加前推力量。

特点：球速较慢，前冲力太小，主要是以相似手法，用旋转变化来迷惑对方，造成对方接球失误或为自己抢攻创造条件。

（7）侧身正手高抛发球。

站位偏于左半台，右脚稍后，两膝微屈，身体侧对球台，约成90°，持球手一侧身体与球台约距20cm。抛球时，持球的肘部要略靠体侧，手托球略高于台面，手腕固定，以前臂发力为主，配合膝关节伸展向上抛球。当球抛起后，持拍手臂立即向右侧后方引拍，手腕也

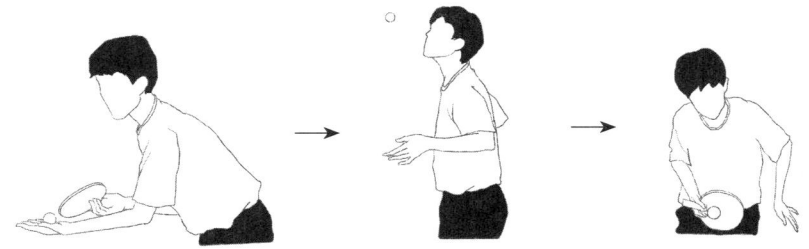

图5-12 侧身正手高抛发球

随之外展,腰腹向右侧上方挺起,待球落至头与右胸高度时,开始挥臂,在球落至右腰前约比网稍高位置时击球。拍与球接触的一瞬间,动作和正手发左侧上旋旋球相同。如发右侧上下旋球,其动作是先做一个发左侧上下旋球的假动作,即持拍手先从右上方向左下方摆动,待球达到合适的击球位置时,持拍手在身前再做一个由左向右的挥拍击球动作,发出右侧上下旋球(图5-12)。

要点:球要抛得高且直,在右腰前15cm左右的地方击球,动作与发左右侧上下旋球相同,摆臂速度要快,击球时要用球拍的下沿摩擦球。

第二节
羽毛球运动

一、羽毛球运动概述

(一)羽毛球运动的概念、起源与发展

羽毛球是一项隔着球网,使用长柄网状球拍击打用羽毛和软木制作而成的一种小型球类的室内运动项目。羽毛球比赛在长方形的场地上进行,场地中间有网相隔,双方运用各种发球、接球和移动等技术,将球在网上往返对击,以不使球落在本方有效区域内,或使对方击球失误为胜。

现代羽毛球运动的起源可以追溯到19世纪中叶的印度。当时,一种以绒线织成球形,上插羽毛,人们手持木拍,隔网击球的游戏非常盛行。这种游戏不仅富有趣味性,而且能够锻炼身体。到了19世纪60年代,一批英国退役军官将这种游戏带回了英国,它很快就在英

国受到了热烈的欢迎，并逐步演变和发展，最终在1873年，被正式命名为"Badminton"（即现在的羽毛球），在全球范围内传播开来。

羽毛球运动最初并没有统一的形式和规则，直到1877年，第一本关于羽毛球比赛规则的书籍在英国出版。这为羽毛球运动的发展奠定了坚实的基础。1893年，英国羽毛球协会成立，并重新修订和统一了羽毛球比赛的规则，进一步推动了羽毛球运动的发展。随着羽毛球运动的不断普及和发展，重要的国际羽毛球赛事相继出现。1899年，全英羽毛球锦标赛在英国举行，成为羽毛球赛事的重要里程碑。此后，世界羽毛球锦标赛、世界杯羽毛球赛等国际赛事也相继创办，为羽毛球运动员提供了展示才华的舞台。值得一提的是，羽毛球运动在亚洲地区尤为盛行。亚洲羽毛球联合会于1959年在马来西亚的吉隆坡成立，进一步推动了亚洲羽毛球运动的发展。

中国羽毛球运动有着辉煌的成就。中国羽毛球选手在各种世界比赛中表现出色，赢得了众多奖牌。中国羽坛的后备人才充足，为羽毛球运动的发展提供了源源不断的动力。未来，中国羽毛球运动将继续在世界羽坛创造更加辉煌的业绩。

尽管羽毛球运动在过去的几十年里取得了巨大的发展，但它仍然面临着一些挑战。例如，如何提高运动员的技术水平和竞技能力、如何加强国际间的交流与合作、如何推广羽毛球运动等。然而，随着科技的不断进步和人们对健康生活的追求，羽毛球运动仍然具有广阔的发展前景。

（二）羽毛球运动的特点

1. 全身运动

羽毛球是一项对身体素质要求较高的体育项目。在进行羽毛球运动时，运动员需要运用到全身多个部位的肌肉和关节，包括但不限于腿部、腰部、手臂以及手腕等。这些部位的协同工作，使得羽毛球运动成为一种全身性的锻炼方式。腿部的快速移动和跳跃是羽毛球运动中不可或缺的，能够帮助运动员迅速到达球的落点。腰部的灵活转动为运动员提供了更好的平衡和稳定性，使得他们在击球时能够更加准确和有力。手臂和手腕的协调动作则是完成每一次击球的关键，它们负责将运动员的力量和技巧转化为球的速度和方向。羽毛球运动还能够显著提高身体的灵活性和协调性。在不断的运动中，运动员需要根据球的飞行轨迹和速度做出快速反应，这种反应能力的提升对于提高身体的灵活性至关重要。同时，由于羽毛球运动中涉及多种不同的击球技巧和战术布局，运动员必须学会如何在不同的情况下调整自己的动作和策略，这种能力的培养无疑增强了身体的协调性。

2. 场地灵活

羽毛球这项运动具有极高的灵活性和普及性，它不受特定场地的限制，无论是室内还是室外，都可以轻松开展。进行羽毛球运动，只需要一个球场，以及一副质量上乘的羽毛球拍。这样的便利性使得羽毛球成为一项广受欢迎的体育活动，无论是在专业的体育场馆，还是在社区的空地上，都可以看到人们挥拍对打的身影。

（三）羽毛球比赛的规则与要求

1. 赛制规则

（1）单循环赛制：在这种比赛模式中，每一支参赛队伍都将与其他所有队伍进行一次面对面的较量，通过这种一对一的对决方式，每支队伍都会积累相应的比赛场次。比赛结束后，根据各队所获得的积分高低来进行排名，积分多的队伍名次靠前，积分少的队伍名次靠后。这种赛制简单明了，能够快速、有效地得出各个队伍的最终排名。

（2）双循环赛制：双循环赛制是在单循环赛制的基础上进行的升级版，它要求每一支队伍不仅要与其他队伍进行一次比赛，而且还要进行第二次对决，即每对队伍之间共有两场比赛。这样的安排使得每支队伍都有两次展示自己实力的机会，同时也让比赛结果更加公正和全面。通过双循环赛制，可以更细致地评估各队的实力水平，减少偶然性对比赛结果的影响，从而使得最终的排名更加准确地反映各队的真实水平。

（3）淘汰赛制：淘汰赛制是一种竞争激烈的比赛形式，在每一轮比赛中，输掉比赛的队伍将直接被淘汰出局，无法继续参与后续的比赛。这种赛制特别适合于参赛队伍数量较多的情况，因为它能够有效地缩短整个比赛的持续时间，避免比赛过于冗长。淘汰赛制的比赛通常紧张刺激，每一场比赛都至关重要，因为一旦失利就意味着结束。这种赛制不仅考验队伍的实力，还考验队伍的心理素质和临场应变能力，因此深受许多体育赛事的青睐。

2. 场地及划线

羽毛球标准场地的形状为长方形，场地的两侧各有一条边线，这些边线的主要作用是帮助裁判和球员判断球是否出界。当羽毛球触碰到边线时，即被视为出界，对方得分。场地的两端各有一条端线，这些端线用于确定球的落点是否有效。如果羽毛球在落地前触碰到端线，则判定为界内球，否则为界外球。在场地的两端各有一条发球线，这条线的主要作用是划分出发球区域。发球时，球员必须站在发球线之后，并且确保球在过网后落在对方场地的对角区域内，否则将被判为发球失误。在双打比赛中，除了上述的边线、端线和发球线之外，还会使用双打线。双打线位于场地的两侧，与边线平行，它们的作用是划分双打比赛中的发球区域。在双打比赛中，发球线与双打线之间构成了一个较小的发球区域，球员在发球时必须站在这个区域内，确保球在过网后落在对方场地的对角区域内，否则将被判为发球失误。双打线的存在使得双打比赛的发球规则与单打有所不同，增加了比赛的策略性和观赏性。

3. 发球规则

（1）发球时任何一方都不允许非法延误发球。

（2）发球员和接发球员都必须站在斜对角发球区内发球和接发球，脚不能触及发球区的界线；两脚必须都有一部分与地面接触，不得移动，直至将球发出。

（3）发球员的球拍必须先击中球托，与此同时整个球要低于发球员的腰部，发球时击球点不得超过1.15m。

（4）击球瞬间，球拍杆应指向下方，从而使整个拍头明显低于发球员的整个握拍手部。

（5）发球开始后，发球员的球拍必须连续向前挥动，直至将球发出。

（6）发出的球必须向上飞行过网，如果不受拦截，应落入接发球员的发球区内。

（7）一旦双方运动员站好位置，发球员的球拍头第一次向前挥动即为发球开始。

（8）发球员须在接发球员准备好后才能发球，如果接发球员已试图接发球则被认为已做好准备。

（9）一旦发球开始，球被发球员的球拍触及或落地即为发球结束。

（10）首局获胜一方在接下来的一局比赛中率先发球。

二、羽毛球运动基本技术

（一）握拍

1. 正手握拍

正手握拍较为常用，适用于大多数羽毛球动作，如发球、接发球、平抽、高远球等。它的特点是稳定，力量传递顺畅，有利于发挥技术的威力。具体方法是：①张开右手，将手掌下部靠在拍柄底托处。这里需要注意的是，手掌的下部应该与拍柄底托紧密贴合，这样能够更好地控制拍面的角度和力度。②将虎口对准拍框侧面拍柄的棱角。这一步是为了确保握拍时手指的位置正确，能够稳定地握住拍柄，避免在挥拍过程中出现手指滑动或握不住拍柄的情况。③小指、无名指和中指并握，食指稍分开。这样握拍能够使手指更加紧密地贴合拍柄，提高握拍的稳定性。同时，食指稍分开有利于在挥拍时灵活调整拍面的角度。④拇指和食指相对。拇指和食指是握拍时最重要的两个手指，它们应该相对放在拍柄的两侧，形成稳定的握拍结构。⑤握住后，拍柄后端稍露出。这样握拍能够保持拍面的稳定性，同时方便在挥拍时调整拍面的角度和力度（图5-13）。

2. 反手握拍

正手握拍适用于大多数羽毛球动作，反手握拍则是在某些特殊情况下使用的，比如打反手球或者处理一些需要快速变换方向的球。在进行反手握拍时，拇指的位置是关键的。与正手握拍相比，反手握拍的拇指需要从向下部位改为横贴在拍的侧面。这样的调整使得球员能够更好地控制球拍，特别是在进行反手击球时。除了拇指的位置改变外，其他四指的握法基本与正手握拍相同，只是部位稍有移动。

反手握拍首先能够帮助我们更好地应对反手击球的情况。在比赛中，对手可能会经常利用反手位置的空隙发起攻击，此时如果我们能够熟练掌握反手握拍的方法，就能够更加准确地回击这些球。其次，反手握拍还能够帮助我们更快地变换击球方向。在一些需要快速调整击球角度的情况下，反手握拍能够让我们更加灵活地应对。当然，要想熟练掌握反手握拍不是一件容易的事情，我们还需要注意一些细节和技巧。比如，在握拍时要保持放松的状态，避免过度用力导致肌肉僵硬；在击球时要保持手腕的灵活性，以便更好地控制球拍的角度和力度；在练习时要注重反复训练

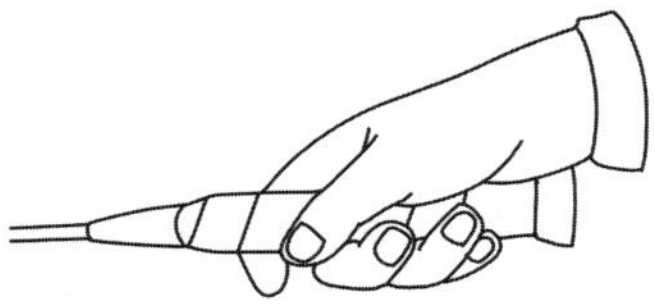

图5-13　正手握拍

和巩固，以便更好地掌握这种技术（图5-14）。

（二）移动

1. 起动

起动是羽毛球运动中至关重要的一项技术和环节。它指的是从个人中心位置上准备接球的姿势转为向击球位置出发的过程。这个过程看似简单，却需要运动员在极短的

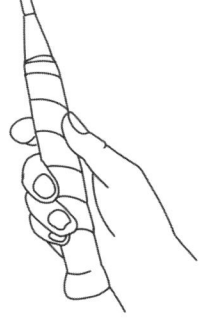
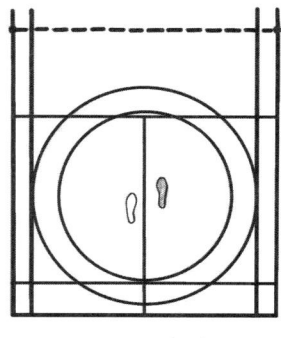

图5-14 反手握拍　　　图5-15 起动

时间内做出准确的判断，并迅速调整自己的位置和姿势，以便更好地接球和击球。要做到起动快，运动员首先必须具备敏捷的反应能力。在羽毛球比赛中，球的速度极快，而且落点多变，这就要求运动员要能够在极短的时间内做出准确的反应。他们需要密切关注对手的动作和球的轨迹，以便在球落地之前做出判断，并迅速调整自己的位置和姿势。除了敏捷的反应能力，准确的判断能力也是起动成功的关键。运动员需要具备丰富的比赛经验和深厚的专业知识，根据对手的动作、球的轨迹以及场地的情况，判断出球的落点和速度，以便在起动时做出最佳的选择（图5-15）。

2. 移动步法

移动步法主要指从中心位置起动后到击球位置的移动方法。移动步法有垫步、交叉步、小碎步、并步、蹬转步、蹬跨步和腾跳步等。

（1）垫步：当右（左）脚向前（后）迈出一步后，后脚跟进，紧接着以同一脚向同一方向再跟一步，为垫步。垫步一般作为调整步距使用。

（2）交叉步：左右脚交替向前、向侧或向后移动为交叉步。另一脚向前面的为前交叉步，而另一脚向后面的为后交叉步。交叉步一般在后退打后场球时使用得较多。

（3）小碎步：以小的交叉步移动的称为小碎步。由于步幅小，步频快，一般在起动或回动起始时用。

（4）并步：右脚向前（向后）移动一步时，左脚即刻向右脚跟并一步，紧接着右脚再向前（向后）移动一步，称为并步。

（5）蹬转步：以一脚为轴，另一脚作向后或向前蹬转步。

（6）蹬跨步：在移动的最后一步，左脚用力向后蹬的同时，右脚向来球的方向跨出一大步，称为蹬跨步。它多用于上网击球，在后场底线两脚移动抽球时也常采用。

（7）腾跳步。步法：身体腾空，动作迅速突然，充分利用腿、脚的蹬跳力量。脚步到位后，为争取高点击球，常采用腾跳步上网，也用于前场网前正反手扑球。

3. 到位配合击球

移动本身不是目的，它是为击球服务的，所谓"步法到位"，即根据不同的击球方式，运动员应站到最适合这种击球的有利的位置上，如果没有占据最理想的位置，最后（击球前）还需要作小步调整，使击球动作能协调发力。

4. 回动（回中心位置）

击球后，应尽力保持（或尽快恢复）身体平衡，并立刻向各中心位置移动，以便在中心位置上做好迎击下一个来球的准备，称为回动。初学者往往缺乏"回中心"的意识，当然，还需要选择最合理回击对方来球的回动路线和回动位置。

5. 学练方法

（1）绕场地做各种移动技术的练习。
（2）在场地的不同位置移动后的挥拍练习。
（3）采用游戏的形式进行移动练习。

（三）发球

1. 发高远球

左脚在前，右脚在后，左手将球举在身体的右前方，右手开始向前摆动，腕部仍保持后屈，待球落到适当高度时，向前摆臂击球。当球与球拍接触的一刹那，要把拍子握紧，闪击式击球。击球时，身体重心由右脚移到左脚（图5-16）。

2. 发平高球

多用前臂带动手腕发力，拍面稍向前推进，其仰角小于45°。

3. 学练方法

（1）徒手挥拍进行发球练习。
（2）在发球区发球。
（3）发不同高度、远度和力量的球。

（四）接球

1. 接球技术动作

以右手持拍为例，接球时左脚在前，膝微屈，身体重心保持在两腿之间。接高球时，用平高球、吊球或扣杀球还击；接网前球时，用平高球、高远球、放网前球、平推球还击；

图5-16　发高远球的站位姿势

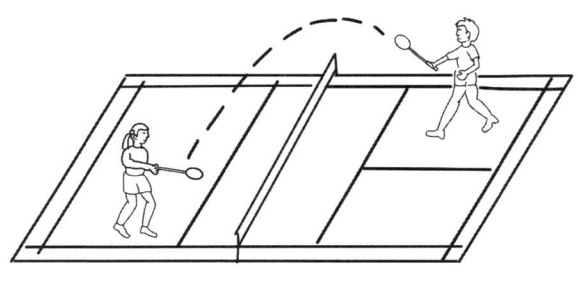

图5-17 单打比赛

接平快球时,可用平推球、平高球还击。

2. 学练方法

(1)结合发球进行接发对抗练习。

(2)连续的接发球练习。

(3)尝试单打比赛(图5-17),可采用任何姿势在任何场区发球、接球。

第三节 网球运动

一、网球运动概述

(一)网球运动的概念、起源与发展

网球,球类运动项目之一,其球场是一个长方形,中间隔有网,比赛双方各占球场的一方,球员用网球拍击球。

网球运动孕育在法国、诞生在英国,在美国普及并发扬光大,如今已在全球范围内广受欢迎。回溯到14世纪中叶,法国宫廷里盛行一种名为"Tennez"的游戏,场地设在宽敞的大厅内,没有球网和球拍,球是由布卷成并用绳子绑紧的圆球,而参与者则用手作为球拍,将球在绳子之间来回抛掷。这种游戏后来逐渐在贵族间流传开来,成为最早的网球雏形。

然而,现代网球的真正起源是在19世纪七十年代。当时,英国人对早期的网球进行了改进,使其更加适合在草坪上进行,并将其命名为"草地网球"(Lawn Tennis)。这一创

新使得网球从宫廷娱乐走向了更为广泛的公众视野，并逐渐发展成为一项室内和户外皆宜的体育项目。随着网球运动的普及，英国各地纷纷建立了网球俱乐部，还于1877年举办了首届全英草地网球男子单打锦标赛，即现在闻名遐迩的温布尔登网球赛。

1874年，网球运动传入美国，并迅速生根发芽。在美国，网球不再局限于草坪，而是逐渐发展到在沙土场、水泥地、柏油地等不同场地上进行比赛。因此，"网球"（Tennis）一词逐渐取代了"草地网球"的称呼，成为这项运动的通用名称。随着时间的推移，网球运动在美国的影响力不断扩大。1900年，美国人德怀特·戴维斯（Dwight Davis）捐赠了一座银制奖杯，并举办了第一届国际网球团体赛，即戴维斯杯网球锦标赛。这项赛事每年举行一届，逐渐成为世界网坛最高水平和最具影响力的团体赛之一。进入20世纪，网球运动迎来了更加辉煌的时期。1984年的洛杉矶奥运会上，网球被列为奥运项目，标志着这项运动正式跻身国际体育竞技的殿堂。

网球运动于清末被传入中国。中华人民共和国成立后，网球运动得到了更加广泛的普及和发展，成为一项全民参与的体育运动。中国网球在国际赛场上的表现也日渐出色。2004年雅典奥运会上，李婷、孙甜甜的女双组合为中国夺得了第一块网球奥运金牌，标志着中国网球的崛起。此后，李娜等名将在国际赛事中屡创佳绩，为中国网球赢得了荣誉和尊重。

（二）网球运动的特点

1. 高度观赏性

在网球比赛的赛场上，球速之快令人咋舌，网球在空中飞行的距离之远也让人惊叹不已。球员们在场上的每一次挥拍，都充分展现了他们的技巧和力量。球员们精准的发球、敏捷的移动、巧妙的回球以及强有力的扣杀，都让比赛充满了紧张和刺激的氛围。这种紧张和刺激不仅体现在球员们的每一次击球上，也体现在观众们的心跳和欢呼声中。网球比赛的这种紧张、刺激的氛围，加上球员们高超的技艺和力量的展现，使得比赛具有了极高的观赏性，吸引了无数观众的目光，也让网球这项运动在全球范围内拥有广泛的群众基础。

2. 比赛强度大

网球比赛通常具有相当高的强度，尤其是在那些旗鼓相当的对手之间展开的较量。在这种情况下，比赛往往需要经过长时间的激烈对抗和拉锯战，才能最终决出胜负。对于男子网球比赛而言，比赛的规则是五盘三胜制，这意味着比赛将分为五局进行，而选手必须赢得其中的三局才能宣告胜利。相对而言，女子网球比赛则采用的是三盘两胜制，即比赛分为三局，选手需要赢得其中的两局才能取得最终的胜利。无论是男子比赛还是女子比赛，每局都充满了变数和不确定性，选手们需要在比赛中展现出极高的技术水平、战术智慧以及心理素质，才能在激烈的竞争中脱颖而出，赢得比赛的胜利。

3. 技术全面性

网球这项运动对球员的技术要求是全方位的，球员们必须掌握一系列复杂多变的技巧，这些技巧涵盖了从发球到接发球，再到底线击球、网前截击以及高压球等多个方面。

在发球环节，球员需要具备力量与精准的控球技术，以确保发球的威力和落点的准确性。在接发球时，需要有敏锐的反应能力和良好的预判能力，以便对对手的发球做出迅速而有效的回应。底线击球要求球员在底线附近进行持久的拉锯战，这不仅考验球员的耐力和稳定性，还要求他们具备变化多端的击球技巧和战术布局能力。网前截击则需要球员具备快速的移动能力和精准的时机把握能力，以便在对手的回球未落地前进行有效的拦截。至于高压球，它考验的是球员在面对高球时的反应速度和击球力量，以及在空中完成击球的技巧。

不同类型的网球场地对球员的技术也有着不同的要求。例如，硬地球场通常速度较快，球的反弹也较高，这要求球员在击球时要有更快的反应和更精准的控球能力；红土球场因为球速较慢，反弹不规则，球员需要有更强的耐力和更灵活的移动技术，以及在击球时有更多的旋转和变化能力；而草地球场则因为球速极快，反弹低且滑，球员在这样的场地上比赛时，需要有极佳的预判能力和快速的击球反应能力。因此，球员在不同的场地类型上比赛时，必须根据场地特性调整自己的打法和技术，以适应各种不同的比赛环境。

（三）网球运动的赛制规则

1. 单打和双打

网球运动中的单打比赛是一种非常经典的竞赛形式，它涉及两位运动员在球场上的直接对决。在这种形式的比赛中，每位选手都必须独立应对比赛中的各种挑战，无论是发球、接发球、底线击球还是网前截击，都需要依靠个人的技术、战术和体能。单打比赛强调的是个人的综合能力，以及在对抗中的心理素质和应变能力。双打比赛则是一种团队合作的竞赛形式，它要求两名选手组成一个团队，共同对抗另一支由两名选手组成的队伍。在双打比赛中，两位队友需要有默契的配合，他们必须在发球、接发球、防守和进攻等方面进行有效的沟通和协作。双打比赛的特点在于团队之间的战术配合和位置交换，以及在比赛中快速的决策和适应能力。两位队友之间的信任和理解是赢得比赛的关键因素之一。

2. 计分方式

网球运动的计分方式主要分为两种，一种是常规计分，另一种是抢7计分。在常规计分中，每局比赛的得分采用0、15、30、40的顺序进行计分。当比赛进行到某一方选手的得分达到40分时，如果此时双方的得分相同，那么比赛将进入平分状态。在平分状态下，比赛并不会立即结束，而是需要某一方选手连续净胜对手2分，才能最终赢得该局比赛的胜利。抢7计分方式通常在决胜局的比赛中使用。当双方选手在常规局的比赛中比分达到6：6平的时候，比赛将进入抢7决胜负的阶段。在抢7计分中，比赛的规则与常规计分有所不同。在抢7计分中，首先得到7分的选手将获得该局的胜利，但是为了确保比赛的公平性，获胜的选手必须至少领先对手2分。也就是说，如果双方选手的得分达到6：6，那么比赛将继续进行，直到某一方选手的得分达到8分（领先对手2分），该选手才能赢得抢七局的胜利。如果比赛进行到7：7平，那么比赛将继续进行，直到一方选手领先对手2分为止。

3. 赛制

网球赛制中，存在着不同的比赛规则，以确保比赛的公平性和观赏性。其中，最为常见的两种赛制分别是三盘两胜制和五盘三胜制。三盘两胜制是大多数网球巡回赛以及奥运会网球比赛所采用的赛制。在这种赛制下，比赛被划分为三个独立的盘，每个盘通常由六局组成，每局又分为若干个分。在三盘两胜制的比赛中，选手们需要通过自己的努力，争取在最短的时间内赢得至少两盘，从而获得整场比赛的胜利。这种赛制的特点是比赛节奏较快，对选手的体能和心理素质要求较高，同时也为观众提供了紧张刺激的比赛体验。五盘三胜制则主要应用于大满贯赛事中的男子单打和双打比赛。在这种更为激烈的赛制下，比赛被分为五个盘，每个盘同样由六局组成。选手们需要展现出更高的技术水平和更持久的耐力，因为只有先赢得三盘的选手才能最终捧起冠军奖杯。五盘三胜制的比赛往往更加漫长和艰苦，它不仅考验着选手们的竞技状态，还考验着他们的心理承受能力和比赛策略的调整能力。这种赛制的比赛往往能够激发出选手们最大的潜能，为观众带来一场场精彩绝伦的对决。

4. 大满贯赛事的特定规则

在网球运动中，大满贯赛事是全球最受瞩目的顶级赛事，包括澳大利亚公开赛（澳网）、法国公开赛（法网）、温布尔登网球锦标赛（温网）以及美国公开赛（美网）。这些赛事不仅吸引了世界各地的顶尖选手参赛，而且在比赛规则上也有其独特之处，尤其是在决胜盘的赛制上。决胜盘，顾名思义，就是决定整场比赛胜负的最后一盘比赛。在四大满贯赛事中，决胜盘的赛制各有特色。以温布尔登网球锦标赛为例，当比赛进行到决胜盘，如果双方选手的比分达到6：6平，那么比赛将进入长盘制。长盘制意味着比赛不会因为达到一定的局数而结束，而是要持续进行，直到一方选手能够领先对手至少2分，从而赢得比赛。这种赛制考验的是选手的耐力和持久力，以及在关键时刻的心理素质。相比之下，其他三大满贯赛事在决胜盘的处理上则采用了不同的规则，即在决胜盘比分达到6：6平后，将采用抢10赛制。抢10赛制是一种更为紧张刺激的赛制，它要求选手在比分达到6：6平后，必须先得到10分，并且至少要领先对手2分，才能最终获胜。这种赛制使得比赛的不确定性大大增加，因为即使在比分落后的情况下，选手也有机会通过连续得分来逆转比赛。

二、网球运动基本技术

（一）握拍

在学习正确的握法之前，先来认识一下网球拍柄上各部位的名称。网球拍柄是多边形的，有八个边。球拍在垂直地面时，拍柄的八个边可分别名为：上平面、下平面、左平面、右平面、左上斜面、右上斜面、左下斜面和右下斜面（图5-18）。

网球的握拍有三种常见方式，即"东方式""西方式"和"大陆式"。这三种方式分别起源于美国的东海岸、西海岸和欧洲大陆，它们是因适应球场的不同性质而产生出来的不同握拍方式。此外还有一种双手握拍方式。

1. 东方式

（1）正手握拍：先使拍面与地面垂直，然后如同与球拍握手一样握住拍柄。这时大拇指与食指间的"V"形虎口，恰好在拍柄的上平面偏右的位置。拇指第一关节扣住拍柄的右平面，食指则轻绕至拍柄右侧至下平面。中指、无名指和小指紧握，并与大拇指接触（图5-19）。

（2）反手握拍：使"V"形虎口略偏左侧，位于左平面和上平面之间的左上斜面，食指关节在右上斜面的位置（图5-20）。

2. 西方式

（1）正手握拍：手掌"V"形虎口位于拍柄的上平面和右上斜面的交接处，手掌中心握住拍柄的右平面，手腕稳固地贴紧拍柄后侧的右平面，大拇指关节在拍柄的右上倾斜面的位置（图5-21）。

（2）反手握拍：手掌"V"形虎口位于拍柄的上平面和左上斜面的交界处，拇指第一指节贴紧拍柄的左平面（图5-22）。

3. 大陆式

（1）正手握拍：手掌"V"形虎口正对拍柄的左上斜面，大拇指扣压住左平面，食指关节握住拍柄的上平面边缘和右上斜面的位置（图5-23）。

（2）反手握拍：手掌"V"形虎口的位置与大陆式正手握法相同，不同之处在于拇指略放松一些，而非紧扣压拍柄（图5-24）。

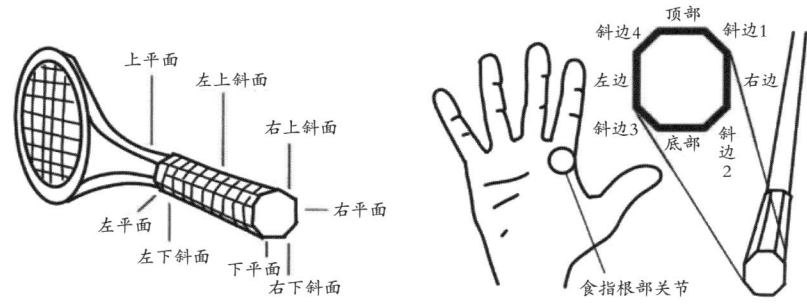

图5-18 拍柄

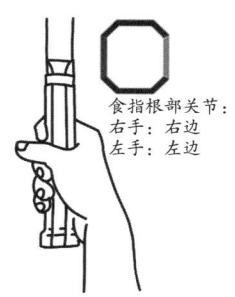

图5-19 东方式正手握拍

图5-20 东方式反手握拍

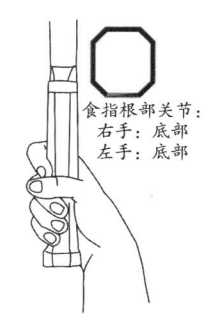

图5-21 西方式正手握拍

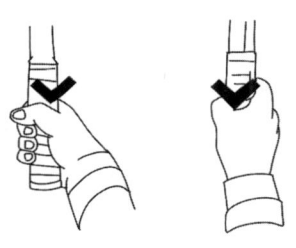 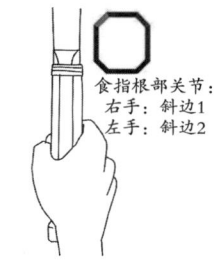  

图5-22　西方式反手握拍　　　图5-23　大陆式正手握拍　　　图5-24　大陆式反手握拍

4. 双手握拍

（1）正手握拍：通常以"东方式"正手握拍为主体，另一只手作为辅助，于"大陆式"和"东方式"反拍握法之间。使用双手正手握拍的运动员人数很少，因为在步法上它要比单手击球多跑一步，要有很好的体力才能适应（图5-25）。

（2）反手握拍：右手握法介于"东方式"和"大陆式"反手握法之间，辅助的左手使用"东方式"正手握拍法，这样可以固定拍面，增强击球力量（图5-26）。

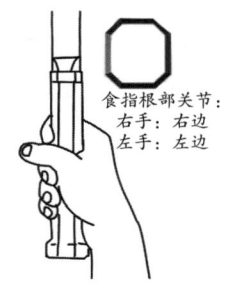 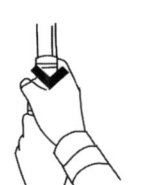 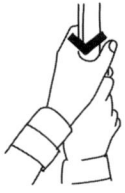

图5-25　双手正手握拍　　　　图5-26　双手反手握拍

（二）准备姿势

为了更好地判断来球，及时地起动，迅速地移动到位，准确地将球击回，练习者就必须从心理和身体姿势上做好充分准备。我们将练习者在场上的这种身体姿势称为准备姿势。下面重点介绍两种准备姿势。

1. 底线击球的准备姿势

动作要领：两脚开立，约同肩宽，两脚平行，脚跟稍提；两膝微屈；上体稍前倾。握拍手轻握球拍，肘关节微屈，肩关节放松，上臂自然贴在身体右侧（右手握拍者），非持拍手屈肘托住拍的中心（拍颈处），球拍稍高于身体横于腹前；两眼注视对方，整个重心放在两脚的前脚掌上（图5-27）。

2. 网前击球的准备姿势

网前击球的准备姿势与底线击球准备姿势的不同点是前者两脚开立幅度稍大，两膝微屈幅度稍小，两手持拍使拍面向前，拍头高于球网（图5-28）。

除此两种准备姿势外，练习者也经常在中场击球。中场击球准备姿势与网前击球准备姿势的不同点是练习者站位重心稍低，持拍在胸前，拍头位于胸前并与球网高度相仿。

图5-27　底线击球的准备姿势　　　　图5-28　网前击球的准备姿势

（三）步法

网球击球时，人与球必须保持一个适当的距离，且人需要一种合适的站位，才能得心应手地打出各种好球。

1. 开放式步法

若从准备姿势起动，则以右脚为轴，向右转体、转肩，左脚向右前方跨出，与端线约成45°角，使左肩对网，跨出的左脚较右脚仍在偏左侧的场地，身体呈开放姿势（图5-29）。

2. 封闭式步法

从准备姿势起动，以左脚为轴，向左转体转肩，右脚向左前方跨出，步子较大，超过左脚落左侧的场地，使右肩对网，甚至使右肩胛骨对网，身体呈闭锁姿势（图5-30）。

3. 滑步

滑步是指面对球网、两脚左右滑步移动。向左移动时，蹬右脚，先移动左脚，再跟右脚；向右移动，则蹬左脚，先移动右脚，再跟左脚（图5-31）。

4. 左右交叉步

向右移动时，脚掌向右转动，左脚先向右前方跨一步，交叉于右脚前，同时向右转体

图5-29　开放式步法　　　　图5-30　封闭式步法

进右脚，再进左脚。向左移动时，方法与向右移动时相同，方向相反（图5-32）。

5. 向侧后移动交叉步

这是在打高压球时常采用的步法。向右侧后移动时，先向右侧后方移动右脚，同时向右后转体，接着左脚向右后跨步，再用交叉步向右后方跑动。向左侧后移动时，方法相同，方向相反（图5-33）。

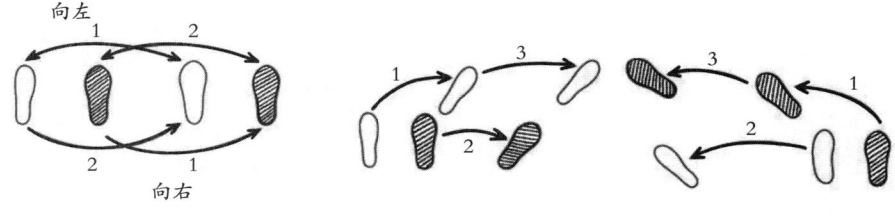

图5-31　滑步　　　　　　　　图5-32　左右交叉步

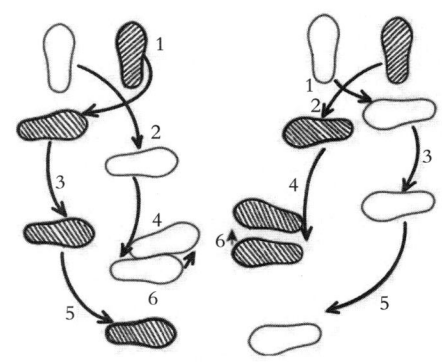

图5-33　向侧后移动交叉步

思政课堂

发扬体育运动中的竞技精神

1. 树立公平竞争意识

三小球运动（乒乓球、羽毛球和网球）作为典型的竞技项目，不仅要求我们具备高超的技巧和体能，更要求我们在比赛中树立公平竞争的意识。遵守比赛规则，尊重对手，杜绝作弊行为。这种意识和品质的培养不仅有助于我们在体育领域取得好成绩，更能够塑造我们健全的人格和价值观，延伸到我们生活的方方面面，成为我们未来成功的基石。

首先，我们要遵守规则，要学会在规则范围内展示自己的实力，不依靠作弊或不当手段来取得胜利，还要学会接受裁判的判决，不因为个人得失而影响比赛的公正性。要明白，只有公正的比赛才能真正检验自己的实力，也才能赢得他人的尊重和认可。其次，我们还要尊重对手。在三小球运动中，尊重对手不仅体现在遵守比赛规则上，更体现在比赛过程中的礼貌和谦逊。我们要学会在比赛中向对手致意，展示出自己的风度和品格。这种尊重对手的态度，不仅有助于营造一个和谐的比赛氛围，更能够提高我们的人际交往能力。

2. 自我管理与自我提升

三小球运动是一项高度依赖运动员自我管理能力的竞技运动。在进行三小球运动时，运动员不仅需要精湛的技艺，更需要保持冷静、自信和坚定的心态。这就要求我们在比赛中具备良好的自我管理能力，包括情绪控制、时间管理和身体调节等方面。

情绪控制是三小球运动中至关重要的一环。在激烈的比赛中，运动员可能会面临各种压力和挑战，如紧张、焦虑、挫败感等。如果不能有效地控制情绪，运动员的表现可能会受到影响，甚至导致比赛失利。因此，运动员需要通过各种方法来调整自己的情绪状态，如深呼吸、放松训练、积极暗示等，以保持冷静和自信。

时间管理也是三小球运动中不可或缺的一环。在比赛中，运动员需要合理地分配时间，把握比赛的节奏和进程。例如，在乒乓球比赛中，运动员需要根据对手的实力和战术变化，合理地调整自己的发球、接发球和攻防转换等时间节点。这需要运动员具备较高的时间感知和决策能力，以便在比赛中占据优势。

身体调节同样是三小球运动中不可或缺的一环。在比赛中，运动员需要保持身体的平衡和稳定，以便更好地发挥技术。例如，在羽毛球比赛中，运动员需要频繁地跑动、跳跃和挥拍，这就需要他们具备良好的身体协调性和耐力。此外，运动员还需要注意营养和休息，以保证身体的健康和恢复。

作为大学生，我们要形成良好的自我管理习惯，不断提升自我。例如，在训练过程中，可以对自己的表现进行反思和总结，找出自己的不足和需要改进的地方，并制定相应的训练计划。同时，可以在比赛中进行自我监督，及时发现问题并进行调整。还要有自律意识和责任感，要知道我们的行为和表现不仅关乎个人的荣誉和成就，更关乎团队的荣誉和利益，展现出良好的体育道德风尚。

思考与练习

① 乒乓球的基本技术有哪些？
② 羽毛球的基本技术有哪些？
③ 网球的基本技术有哪些？

第六章

瑜伽运动

学习目标

❶ 了解瑜伽运动的特点。

❷ 学会瑜伽呼吸法与冥想。

❸ 掌握瑜伽的基本体式与做法。

❹ 了解瑜伽运动中的专注、自律等精神品质。

大学体育中的瑜伽运动，深受大学生们的喜爱。瑜伽运动融合了体式、呼吸与冥想，一方面能够拉伸身体的肌肉，提高柔韧性，另一方面还能够缓解大学生的学习压力，帮助放松紧绷的神经。瑜伽不仅仅是一项运动，更是一种生活方式，它教会我们如何在快节奏的生活中找到平衡，如何通过冥想与自我对话，达到身心的和谐与健康。

第一节
瑜伽运动概述

一、瑜伽的产生与发展

瑜伽源于古印度，至今已有约5000年的历史，是古印度六大哲学派别中的一系，现代人所说的瑜伽则主要是一系列修身养心的方法。瑜伽的英文名字为"Yoga"，源自印度梵语中的"yug"或"yuj"，具有"一致""结合"或"和谐"的深邃内涵。

具体而言，瑜伽发源于印度北部的喜马拉雅山麓地带。古印度瑜伽修行者根据动物的姿势观察、模仿并亲自体验，创立出一系列有益身心的锻炼系统（也就是体位法）。大约在公元前300年，印度的大圣哲、"瑜伽之祖"帕坦伽利（英文Patanjali，印地语）创作了《瑜伽经》，印度瑜伽在其基础上才真正成形。

瑜伽运动包括调身的体位法、调息的呼吸法、调心的冥想法等。瑜伽的姿势，也称为体式，运用了一系列古老而易于掌握的技巧。这些技巧旨在改善人们生理、心理等多方面的状态，也使得瑜伽成为一种促进身体、精神和谐统一的独特运动方式。

现如今，瑜伽已经成为世界广泛传播的一项身心锻炼修习法。从印度到欧美、亚太、非洲，它因为对心理的减压以及对生理的保健等明显作用而备受推崇。随着瑜伽的发展，现在更是演变出了各种瑜伽"分支"，比如热瑜伽、哈他瑜伽、高温瑜伽、养生瑜伽，还出现了瑜伽管理科学。

二、瑜伽运动的特点

（一）身心合一

瑜伽不仅仅是一种身体锻炼方式，更是一场心灵的修行。在瑜伽的练习过程中，人们被引导着将注意力集中在身体的每一个细微感受上，这种内观的方式有助于练习者深入探索自我，发现身心的连结。通过呼吸的调整、体位的变换，瑜伽帮助个体实现内外的平衡与和谐，从而达到身心合一的理想状态。这种合一不仅让练习者感受到身体的轻盈与柔韧，更使人能够在快节奏的生活中找到内心的安宁与力量。

（二）注重呼吸

瑜伽练习中，呼吸被视为至关重要的一环。正确的呼吸方式，如深呼吸和慢呼吸，能够有效地帮助练习者放松紧绷的肌肉，缓解身体的紧张感。同时，通过深呼吸，肺部可以吸入更多的空气，从而提高血液中氧气的含量，为身体各个部位提供充足的氧气供应。呼吸不仅能够增强身体的柔韧性和耐力，还能够平静心灵，帮助练习者更好地专注于当下，感受身心的和谐与平衡，从而达到更佳的练习效果。

（三）动作柔和且全面

瑜伽的动作通常展现出一种柔和而流畅的美，它们并不剧烈，却能够深入而全面地锻炼身体的各个部位。从肌肉到韧带，再到关节，每一个细微之处都能在瑜伽的练习中得到适当的拉伸与强化。这种锻炼方式不仅有助于增强肌肉的力量和耐力，还能显著提升身体的柔韧性和平衡能力。通过持续的瑜伽练习，人们会发现自己的身体变得更加灵活，日常生活中的各种动作也变得更加轻松自如。更为重要的是，瑜伽的柔和动作使得锻炼过程既安全又舒适，适合各个年龄段的人群，为人们提供了一种既健康又愉悦的锻炼方式。

（四）强调持之以恒

瑜伽的效果绝非一蹴而就，它需要时间、耐心和持续的练习才能显现。瑜伽不是一种短期内就能见到显著成效的运动，而是需要练习者长期的坚持和努力。每一次的瑜伽练习，都是对身体和心灵的深层滋养。通过不断的练习，身体的柔韧性和平衡能力会逐渐提升，难度也可以随之增加，从而不断挑战自己的身体。这种挑战不仅是对体能的考验，更是对意志力的磨炼。在持续的瑜伽修行中，人们会发现自己不仅在身体上变得更加强健，内心也变得更加坚韧和平静。因此，瑜伽不仅是一种锻炼方式，更是一种生活态度，它鼓励人们不断地追求进步，挑战自我，实现身心的共同成长。

三、练习瑜伽的注意事项

（1）不能盲目跟风，仅仅因为瑜伽热潮而盲目练习。每个人的状况都是独一无二的，有些人可能因为身体原因，如严重的高血压、心脏病等，或者刚刚大病初愈，可能并不适合练习瑜伽。在练习过程中，我们也要根据自己的柔韧、平衡和力量素质情况来量力而行，找到最适合自己的练习方式。记住，适合自己的才是最好的。

（2）练习瑜伽需要耐心和恒心，任何想要通过运动达到健身效果的人都需要明白，任何运动都需要一定的时间和负荷才能产生效果。对于初学者来说，一周练习两三次是比较合适的，而且需要坚持至少3个月才能明显感觉到效果。因此，我们必须遵循人体自然发展和机体适应的基本规律，循序渐进地进行练习。对于女性来说，生理期期间如果身体没有特别不舒服，是可以练习瑜伽的，但应避免一些头在下的倒立动作。

（3）在练习瑜伽时，环境的选择也是非常重要的。一个相对安静、室内通风、空气清新的房间或一块鸟语花香、清静幽雅的室外空地都是理想的选择。场地不宜太硬或太软，以免在练习过程中受伤或影响正确体位的练习。最好是在地上铺一条专业的瑜伽垫，既防滑，又可以很好地保护身体。

（4）穿着舒适、透气的服装也是练习瑜伽的关键。选择棉加氨纶质地的服装可以帮助身体自由伸展，避免穿着太过紧身又无弹性的服装。如果可以，女性可以选择不穿内衣进行练习。练习时最好赤脚，这样可以更好地保持身体的稳定性，但如果天气过于寒冷，可以穿棉袜或软底鞋。

（5）瑜伽的练习时间也是需要考虑的因素。清晨或黄昏是最佳的选择。清晨，人的大脑清醒，肠胃基本排空，容易进入瑜伽练习状态；黄昏，经过一天的工作，身心疲惫，练习瑜伽可以静心，达到缓解疲劳的效果。

（6）在练习瑜伽时，保持空腹是非常重要的。练习前排空膀胱，2~3小时不要进食，以免影响肠胃对食物的消化吸收和肢体做瑜伽体位的效果。如果太过饥饿，可以在练习前半小时吃些流食；练习后也要等半小时以上方可进食。

（7）在开始瑜伽练习前，进行热身运动是必不可少的。热身运动可以调节身心，唤醒大脑，为接下来的练习做好准备，避免受伤。

（8）练习过程中要集中注意力，保持安静，避免交谈，排除杂念，配合呼吸融入音乐中。选择节奏轻松、旋律优美、空灵悠扬的轻音乐或古典音乐，可以帮助我们更好地投入，提升练习效果。

瑜伽是一种非常有益的运动方式，但我们在练习过程中必须根据自己的实际情况进行选择和调整。通过合理的安排和练习，我们不仅可以锻炼身体，还可以达到修身养性、内在和谐与平衡的目的。

第二节
瑜伽呼吸法与冥想

一、瑜伽呼吸法

呼吸，作为人体最基本的生理活动，不仅维持着我们的生命，还具有调节情绪的作用。在瑜伽练习中，呼吸更是具有净化身心、调整状态的重要作用。不同的呼吸方法，对我们身心健康的影响不同。

（一）胸式呼吸

当我们感到焦虑或紧张时，胸式呼吸能够帮助我们管理情绪，迅速恢复平静。这种呼吸方法主要通过鼻腔将气息吸入胸腔，使肋骨向外扩张，而腹部则保持相对平坦。呼气时，身体逐渐放松，将肺部的气体呼尽。

（二）腹式呼吸

腹式呼吸，又称膈式呼吸，是一种通过膈肌的收缩和舒张来推动腹部器官上下移动的呼吸方法。吸气时，膈肌收缩，腹部向前推出，空气进入腹腔；呼气时，膈肌舒张，腹部慢慢向内瘪进。这种呼吸方法不仅能够按摩内脏器官，促进肺底的废浊气排出体外，还有助于增强消化功能，促进身体对养分的吸收。长期坚持腹式呼吸，还能让腹部变得紧实平坦，达到瘦身效果。

（三）完全式呼吸

完全式呼吸，又称胸腹式呼吸，是一种能够给身体提供最多氧气的呼吸方法。在吸气时，腹部首先慢慢鼓起，随后气体上移，肋骨扩张，肺部也吸入气体，胸部打开，肩部微微升起，直至吸入最多空气；呼气时，则首先放松胸部，然后放松腹部，最后让肚脐去贴后背，将气体完全排出去。这种呼吸方法在瑜伽体位练习中常被运用到，它能够使动作幅度更大、更放松，注意力更集中，心跳减缓。

除了上述三种基本的瑜伽呼吸方法外，还有许多呼吸技巧，如屏息、快速呼吸等，它们都在瑜伽修行中发挥着重要作用。通过不断练习和探索，我们可以逐渐掌握这些呼吸技巧，让它们成为我们身心健康的"得力助手"。

二、冥想在瑜伽中的具体作用

（一）使人们达到身心合一的境界

冥想是瑜伽的一项技法。在现代社会中，人们面临着种种压力，这些压力不仅来自工作、学习、生活等各个方面，还来自内心的焦虑、不安和抑郁等情绪。长期的压力积累会导致身体健康出现问题，如荷尔蒙分泌异常、免疫力下降等。为了缓解这些压力，许多人选择了瑜伽作为身心调节的方式。而在瑜伽中，冥想是一种非常重要的练习方式，它可以帮助人们达到身心合一的境界，从而放松身心，恢复自然状态。

冥想可以帮助人们放松身体。在冥想的过程中，人们需要静静地坐在一个安静的地方，闭上眼睛，专注于呼吸。随着呼吸的深入，身体的各个部位也会逐渐放松，包括肌肉、关节、内脏等。这种放松不仅可以缓解身体的疲劳和紧张，还可以改善睡眠质量，提高身体的免疫力。同时，冥想可以帮助人们清空头脑中的杂念，专注于当下，从而减轻精神负担，进而提高人们的专注力和创造力。此外，冥想还可以改善人们的情绪状态。在冥想的过程中，人们会感受到内心的平静和安宁，这种感受可以持续很长时间，甚至在日常生活中也能感受到。这种积极的情绪状态可以帮助人们更好地面对生活中的各种挑战和困难，提高生活质量。

在现代社会中，冥想已经成为越来越多人追求身心健康的手段之一。我们应该重视冥想的作用，将其融入日常生活中，让身心得到更好的调节和放松。为了更好地实践冥想，可以选择一个安静、舒适的环境，坐下或躺下，闭上眼睛，专注于呼吸。在冥想的过程中，我们可以尝试通过深呼吸、放松身体、清空杂念等来达到身心合一的状态。同时，也可以通过参加瑜伽课程、阅读相关书籍、听取冥想音乐等方式来提高冥想的效果和质量。

（二）冥想是人们达到净思的过程

有人练习瑜伽是为了身体的健康，追求的是自在地活着。在瑜伽的修行中，他们通过体式、呼吸和冥想的练习，让身体变得更加柔韧、强壮。这种自在的生活状态，让他们能够更好地面对生活中的种种挑战，享受生命的美好。而有人练习瑜伽则是为了心灵的净化，追求的是自觉的生活。他们认为，心灵是生命的本质，是我们在尘世中迷失方向的指南针。通过瑜伽的修行，他们希望能够洗涤内心的尘埃，找回生命的真谛。这种自觉的生活态度，让他们能够更加深刻地理解生命的意义，活出真我。

在瑜伽的修行中，我们守望心灵的方式并不是一种理性的诉求，而是一种对欲望的洗礼。我们渴望在繁华的世界中找到一片宁静的净土，让心灵得以栖息。这种对欲望的洗礼，让我们能够摆脱世俗的束缚，回归内心的本真。从心理学的角度来看，我们的行为有80%都是在无意识下发生的。这些无意识的行为往往受到我们的性格、习惯等因素的影响。而冥想作为瑜伽修行中的重要一环，正是能够对这一无意识的领域产生作用。通过冥想，我们能够深入了解自己的内心世界，发现自己的性格特点和行为模式，从而改变自己，成为更好的自己。

在瑜伽的修行中，我们不仅能学会如何调节呼吸、放松身体，还能学会如何调整心态、平衡心灵与身体的关系。这种静思的状态让我们能够更加深入地理解生命的本质和意义，让我们在喧嚣的世界中找到一片宁静的净土。

第三节
瑜伽基本体式与做法

一、山式坐姿

1. 体式做法
（1）坐于垫上，伸直腰背，双腿并拢，勾脚尖（图6-1）。
（2）两手置于臀的两侧，目视正前方，保持自然呼吸。

2. 体式功效
促使脊柱与骨盆正位，是坐式体位常见的起始姿势。

3. 体式要点
保持脊柱中立伸展，坐骨两侧均衡着地。

图6-1 山式坐姿

二、平常坐

1. 体式做法
（1）基本姿态：山式坐姿。
（2）屈左膝，将左脚跟抵在会阴处，屈右膝，将右脚放在左脚前方，两小腿平行，目视前方（图6-2）。两腿可交替位置，保持自然呼吸。

2. 体式功效
加强髋关节、膝关节、踝关节的灵活性，并使身体放松。

图6-2 平常坐

3. 体式要点
双脚脚跟和会阴、肚脐、鼻尖成一条直线；保持脊柱中正。

三、金刚坐

1. 体式做法

（1）基本姿态：跪立。

（2）两膝并拢，两脚大脚趾重叠或并拢，足跟分开，臀部坐在两足跟之间，腰背挺直，双肩下沉，两手置于大腿上方，目视正前方，保持自然呼吸（图6-3）。

2. 体式功效

促进骨盆区域血液循环，有助于消化，加强下肢灵活性。

3. 体式要点

臀部在两足跟之间，腰背部然伸直。

图6-3 金刚坐

四、山式站姿

1. 体式做法

（1）双脚并拢站立，大脚趾相触，下颌微收，目视前方（图6-4）。

（2）重心均匀分布在双脚上，脊柱充分延伸，腰背部挺直，膝关节向前，保持自然呼吸。

2. 体式功效

有助于脊柱和骨盆保持正位，是站姿体式的起始姿态。

3. 体式要点

脊柱均匀伸展，骨盆中正，双膝不可过伸。

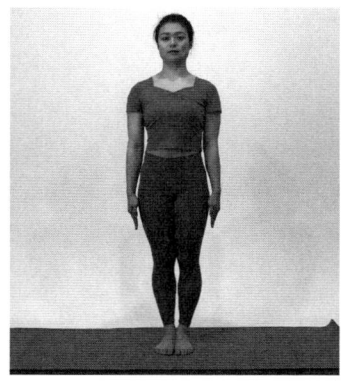

图6-4 山式站姿

五、直角式

1. 体式做法

（1）基本姿态：山式站姿。

（2）双手体前十指交叉相握并上举过头，上臂贴耳侧；髋部屈曲，手臂、头、躯干与地面平行；目视下方（图6-5）。吸气时伸展，呼气时前屈。保持几组呼吸后还原。

2. 体式功效

强化肩关节、双腿及身体的核心力量。

3. 体式要点

手臂、背部与地面平行，保持脊柱伸展，两膝不可过伸。

图6-5 直角式

六、站立前屈伸展式

1. 体式做法
（1）基本姿态：山式站姿。
（2）两臂从两侧上举，上臂贴耳，掌心向前，延伸脊柱；髋部屈曲，两手放在双脚两侧，掌根与足跟对齐，屈肘，腹、胸、额依次贴近双腿（图6-6）。吸气时延展脊柱，呼气时躯干贴腿。保持几组呼吸后还原。

2. 体式功效
按摩腹部，促进消化，伸展背部及腿后侧肌群。

图6-6 站立前屈伸展式

3. 体式要点
两手放在双脚两侧，肘部指向后方，背部平展，下肢垂直地面，膝关节避免过伸。

七、展臂式

1. 体式做法
（1）基本姿态：山式站姿。
（2）两臂从身体两侧向上伸展至头顶，掌心向前；胸骨上提，打开胸腔，以手臂带动躯干向后上方伸展；目视上方（图6-7）。吸气时向上，呼气时后展。保持几组呼吸后还原。

2. 体式功效
柔软背部，强化脊柱，伸展身体前侧肌群。

3. 体式要点
胸腔打开，胸椎上提后展，头部放于两臂之间，不可过度后仰，骨盆中正。

图6-7 展臂式

八、蛇伸展式

1. 体式做法
（1）基本姿态：俯卧。
（2）两臂向后伸展，十指交叉相握同时掌跟相抵，头和胸部抬离地面，收紧大腿内侧，脚跟相触，脚背压实地面，目视前方。吸气时抬起头和胸部，呼气时回落（图6-8）。保持几组呼吸后还原。

2. 体式功效
增强背部力量，缓解腰部不适，按摩内脏器官，促进

图6-8 蛇伸展式

消化，改善圆肩、驼背等不良体态。

3. 体式要点

肚脐以下贴合地面，胸腔充分上提，背部后展，头部不可过度后仰。

九、风吹树式

1. 体式做法

（1）基本姿态：山式站姿。

（2）双手从两侧向上至头顶合掌，吸气时伸展，呼气时侧弯（图6-9）。头部保持中正，目视前方。保持几组呼吸后还原。

2. 体式功效

加强脊柱弹性，缓解肩背部不适。

3. 体式要点

头在两臂之间，保持髋部中正，身体在同一平面。

图6-9　风吹树式

十、三角伸展式

1. 体式做法

（1）基本姿态：山式站姿。

（2）两脚分开，约两肩半宽，右脚向右转90°，左脚内收30°，吸气时手臂抬起，呼气时躯干向右侧弯曲。右手掌置于右脚外侧地面，左臂上举，两臂成一直线垂直于地面；目视上方指尖（图6-10）。保持几组呼吸，然后还原。交替反方向练习。

2. 体式功效

增强膝关节、踝关节的稳定性，伸展腿部内侧、后侧、侧腰及手臂肌群。

3. 体式要点

身体在同一平面，前脚足跟与后脚足弓在一条直线上，两臂成一直线垂直于地面。

图6-10　三角伸展式

十一、站立腰扭转式

1. 体式做法

（1）基本姿态：山式站姿。

（2）两腿分开，略比肩宽，吸气时两臂侧平举伸展，呼气时扭转。身体向右后方转动，右手置于左腰后,左手落于右肩;目视后方。保持几组呼吸后还原(图6-11)。交替反方向练习。

2. 体式功效

加强肩、腰、背部肌肉的灵活性,刺激脊柱神经,缓解腰背疼痛。

3. 体式要点

骨盆中正,两肩在同一平面,两膝与脚尖指向正前方,腰椎以上扭转。椎间盘突出及脊柱严重侧弯者谨慎练习这一体式。

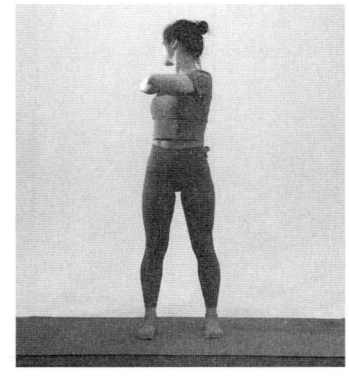

图6-11 站立腰扭转式

十二、仰卧扭脊式

1. 体式做法

(1)基本姿态:仰卧。

(2)吸气时准备两臂侧平展,掌心向下置于地面;屈右膝,右脚置于左大腿上,脚尖与左膝对齐,左手置于右膝上;呼气时右膝带动脊柱转向左侧贴地,头部转向右侧,双肩下沉;目视右手方向。保持几组呼吸后还原(图6-12)。交替反方向练习。

2. 体式功效

增强脊柱的灵活性,按摩腹部,缓解便秘,放松背部肌群。

3. 体式要点

双肩不离开地面,屈膝腿内侧贴地,头转向相反方向。

(1)右侧扭脊

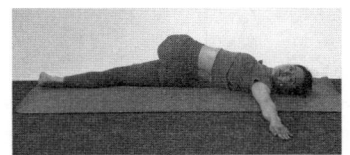

(2)左侧扭脊

图6-12 仰卧扭脊式

十三、树式

1. 体式做法

(1)基本姿态:山式站姿。

(2)屈左膝,将左脚置于右大腿内侧,脚跟靠近会阴,髋外展,双手合掌于胸前,或双臂伸展至头顶上方;吸气时伸展,呼气时还原。目视前方。保持几组呼吸后还原。交替反方向练习(图6-13)。

2. 体式功效

缓解肩部不适,增强脚踝与腿部肌肉力量,提高身体平衡能力和人体的专注度。

图6-13 树式

3. 体式要点

脚掌置于对侧大腿根部，骨盆保持中正，身体在同一平面，脊柱充分向上伸展。

十四、船式

1. 体式做法

（1）基本姿态：仰卧。

（2）吸气时准备，呼气时双手、双脚和躯干同时上抬，重心放于坐骨，两臂向前伸直平行地面，掌心向下，脊柱延伸，背部展平；目视脚尖方向（图6-14）。保持几组呼吸后还原。

图6-14 船式

2. 体式功效

增强腹部肌肉力量，提高身体平衡能力。

3. 体式要点

两臂与脚尖等高且平行于地面，脚尖向前，后背平直。

十五、下犬式

1. 体式做法

（1）基本姿态：金刚坐。

（2）身体前倾，两手置于肩部正下方，两臂、大腿垂直地面，两脚分开，与坐骨同宽；脚尖回勾落地，伸直双膝，吸气时臀部上提，呼气时足跟下压（图6-15）。保持几组呼吸后还原。

2. 体式功效

拉伸背部和腿部后侧肌群，增强手臂力量，改善头部血液循环，缓解疲劳。

图6-15 下犬式

3. 体式要点

两脚分开与坐骨同宽，脚跟压地，两臂、头颈、后背保持同一平面。患有高血压或血糖偏低者谨慎练习这一体式。

十六、犁式

1. 体式做法

（1）基本姿态：仰卧。

（2）吸气时准备，两臂下压，腹部用力抬起双腿，臀部、背部抬离地面；呼气时双腿越过头顶，脚尖回勾点地；屈两肘关节并内收撑地，两手推送上背部，保持背部直立。保持几组呼吸后还原。

2. 体式功效

增强颈、肩部力量，按摩腹部，放松背部肌群，改善血液循环。

3. 体式要点

后背展平并垂直于地面，两肘内收撑地、与肩同宽，脚尖回勾点地。患颈椎病、椎间盘突出和高血压者不宜练习这一体式。

图6-16　犁式

十七、骑马式

1. 体式做法

（1）基本姿态：金刚坐。

（2）跪立，右腿向前迈一大步，双手置于前脚两侧，左腿膝关节和脚趾着地，髋部前推下沉，脊柱充分伸展；目视前方。吸气时脊柱伸展，呼气时沉髋关节（图6-17）。保持几组呼吸后还原。

2. 体式功效

伸展大腿前后侧肌肉，促进骨盆区域血液循环。

图6-17　骑马式

3. 体式要点

后脚趾点地，两手指尖与前脚尖在一条直线上，前侧小腿垂直于地面，髋部下沉。

十八、猫伸展式

1. 体式做法

（1）基本姿态：金刚坐。

（2）身体前倾，双手置于肩部正下方，指尖与肩平齐，两膝与髋同宽；吸气时伸展，脊柱逐节伸展，扩展胸腔［图6-18（1）］；呼气时收腹、拱背；目视肚脐方向。［图6-18（2）］保持几组呼吸后还原。

2. 体式功效

增加脊柱灵活性，放松肩、颈、背部肌肉。

3. 体式要点

手臂垂直于地面，脚背压实于地面；伸展时，大腿始终垂直地面，不可前后移动。

（1）吸气

（2）呼气

图6-18　猫伸展式

十九、大拜式

1. 体式做法
（1）基本姿态：金刚坐。
（2）双手从两侧向上延伸，高举过头顶；髋部屈曲，上体自然伸展向前，双手及前臂放于地面上，掌心向下，额头触地；两眼微闭（图6-19）。吸气时上体向上伸展，呼气时上体向下、向前伸展。保持几组呼吸后还原。

图6-19 大拜式

2. 体式功效
放松整个身体，按摩腹部内脏，促进背部、脚踝伸展。

3. 体式要点
大幅度屈髋、屈膝，两膝可略分，身体舒展前伸。

二十、婴儿式

1. 体式做法
（1）基本姿态：金刚坐。
（2）髋部屈曲，腹部贴于大腿，额头触地，或将头转向另一侧并贴地；双手放于双脚两侧，掌心向上；两眼微闭。保持自然呼吸（图6-20）。

图6-20 婴儿式

2. 体式功效
放松身心，舒缓腰背部。

3. 体式要点
臀部落于脚跟，可作为后展类体式的恢复放松姿势。

思政课堂

在瑜伽中学会知足、勇敢、专注和自律

瑜伽是一项注重身体、心灵和精神和谐统一的运动方式。通过瑜伽课程，我们学习各种体式、呼吸法和冥想技巧，从而培养自己的身心平衡和内在力量。这种练习过程本身就是一种尊重生命、追求真理的实践，与知足、勇敢、专注、自律等理念不谋而合。

知足，是瑜伽练习中的心态。瑜伽提倡身心平衡，追求内心的满足和安宁。在瑜伽课堂上，我们要通过深呼吸和冥想，学会放下欲望和执着，感受当下的美好和幸福。这种知足的心态在日常生活中，能帮助我们避免无休止的追求和攀比，享受生活的每一刻。

勇敢，是瑜伽练习中的精神。瑜伽中有许多挑战性的体式，需要我们勇敢地去尝试和突破。这种勇敢的精神在生活中同样重要，它鼓励我们面对困难和挑战时，不畏惧、不退缩，勇往直前。

　　专注，是瑜伽练习中的状态。在瑜伽课堂上，我们需要专注于自己的身体、呼吸和动作，不被外界干扰。这种专注的状态在日常生活中也能发挥重要作用，它能帮助我们提高学习效率、工作效率和生活质量。

　　瑜伽还要求我们具备自制和克己自律的能力。自制，即自我控制，是指在面对各种诱惑和挑战时，我们能够坚守自己的原则和价值观，不被外界所左右。而克己自律，则是指在日常生活中，我们需要严格要求自己，遵守各种规则和纪律，以达到自我提升和完善。通过长期的自律实践，我们可以培养自身坚韧不拔的意志品质、积极向上的生活态度和勇于担当的社会责任感。

思考与练习

1. 瑜伽的特点有哪些？
2. 冥想在瑜伽中的作用是什么？
3. 瑜伽的基本体式有哪些？

第七章 太极拳运动

学习目标

1. 正确认识太极拳运动。
2. 了解太极拳的养生与健身功效。
3. 掌握二十四式太极拳的动作特点。
4. 了解太极拳中蕴含的文化哲理。

第一节
太极拳运动概述

一、太极拳运动的概念与发展

太极拳是一种融合了缓慢、柔和的拳术与深呼吸、意念调节的传统武术运动,其动作如行云流水,连绵不断,仿佛是用身体描绘出一幅幅美丽的画卷,让人陶醉其中。它不仅是一种锻炼身体的运动方式,更是一种修身养性的艺术。

太极拳的名字源于中国古代的阴阳哲学,这一深邃的哲学理念为太极拳的动作注入了独特的韵味和内涵。太极拳中的每一个动作,无论是开合、起落、进退,还是刚柔、蓄发、顺逆、虚实、曲直,都巧妙地体现了阴阳对立与统一的辩证规律。可见,太极拳中还蕴含着深厚的文化内涵,使人们在锻炼身体的同时,也能领略到中国传统文化的博大精深。

在漫长的历史长河中,太极拳逐渐演变出了多个流派,每一个流派都拥有其独特的运动风格和技巧,但在体松心静、柔和缓慢、连绵不断、圆活自然、协调完整等要求上,它们是一致的。这些要求是太极拳练习者的基本追求,也是太极拳能够从古至今都深受人们喜爱的重要原因。

中华人民共和国成立后,为了更好地推广和普及太极拳,编创了二十四式太极拳、四十八式太极拳、三十二式太极拳等新的套路。这些新套路在保留太极拳基本特点的同时,更加简洁、易学,适合广大民众练习。同时,为了适应武术的国际交流与竞赛,还编创了陈式、杨式、吴式、孙式、武式太极拳和四十二式综合太极拳等竞赛套路,使太极拳在国际舞台上也展现出了独特的魅力。

太极拳作为中国武术的一个重要派别,不仅具有独特的运动风格和深厚的文化底蕴,而且在现代社会中仍然保持着强大的生命力和吸引力。无论是作为一种健身运动,还是作为一种文化传承和艺术表现,太极拳都值得我们深入了解和体验。

二、太极拳运动的特点

(一)体松心静

太极拳的练习,始于身体的放松。这种放松不仅仅是表面上的松懈,而是从内到外、从上到下的全面放松。从头颈部的舒缓,到肩部的下沉,再到胸部的开阔,腰部的灵活,以及上肢和下肢的自然舒展,每一个部位都需要细致入微的调整。尤其是肩、髋、肘等几个大关节,更是放松的关键所在。当身体得到了充分的放松,太极拳的练习者才能在运动中保持自然舒展、柔和顺畅的姿态。

太极拳的演练过程中，虽然动作连绵不断，但练习者的内心却需要保持宁静和从容。这种内心的平静并非一蹴而就，而是需要长时间的修炼和磨炼。正如《太极拳论》中所形容的"一羽不能加，蝇虫不能落"的境界，即使是一根羽毛的轻触或是一只蝇虫的降落，都能让练习者感知到并做出相应的调整。这种对外部环境微妙变化的敏锐感知和及时反应，正是太极拳练习者内心宁静的外在表现。

（二）柔和缓慢

太极拳的动作柔和，强调用意不用力。这种柔和的力量，既避免了因过度用力而可能导致的肌肉紧张甚至损伤，又能在无形中化解外来的冲击力，达到"四两拨千斤"的效果。而太极拳动作的缓慢，则有着更深层次的含义。它能使呼吸变得深长，增加吸氧量，使身体得到更充分的氧气供应。同时，这种缓慢的呼吸方式也有助于放松身心，减轻压力。此外，太极拳还要求气沉丹田，实现意、气、劲三者的合一。这样，动作才能自然舒展，感觉灵敏，步法稳健，气血调和。

（三）连绵不断

在太极拳的练习过程中，每一个动作都需要经过精心地打磨和不断地重复。这不仅仅是为了达到动作的准确性，更重要的是为了体会动作背后的内涵和力量。而在这些要求中，最为基础且重要的一点就是动作的连贯性。

太极拳的动作要求不能忽快忽慢、停顿或断续。这意味着每一个动作都需要在流畅而稳定的节奏中完成。无论是起势、云手还是揽雀尾，都需要在一种连绵不断、如丝如缕的感觉中流转。这种连贯性不仅仅体现在单个动作的完成上，更体现在动作与动作之间的转换上。太极拳要求势势相承，动动相连，前后贯通，形成有节律的连续运动。这种连贯性的要求，实际上是对练习者内在气息的控制和调节。在太极拳的练习中，呼吸与动作的配合至关重要。只有当呼吸与动作完美融合，才能达到内外合一、身心合一的境界。

（四）圆活自然

太极拳的每一个动作，无论大小，都蕴含着弧形的韵律，仿佛是在绘制一幅流动的画卷。这种独特的弧形动作设计，不仅赋予了太极拳无与伦比的转换灵活性，更使其呈现出一种圆润、流畅的美学特质。

太极拳的弧形动作之所以灵活不滞，是因为它顺应了力学原理。当我们在进行太极拳的练习时，每一个动作都是经过精心设计的，它们遵循着力学的基本规律，使得身体能够以最自然、最顺畅的方式进行转换。这种转换不仅减少了不必要的力量消耗，还使得身体各部分能够更好地协同工作，形成一个完整的整体。同时，太极拳的弧形动作也符合人体各关节自然弯曲的状态。人体关节本身就具有一定的弯曲度，这是为了适应日常生活中的各种活动需求。而太极拳则充分利用了这一特点，通过弧形动作的练习，使得关节能够在自然的弯曲状态下进行运动，从而减少了因过度伸展或扭曲而可能造成的损伤。

三、太极拳运动的养生与健身功效

（一）强身健体

太极拳的练习不仅可以增强肌肉力量，还能提高身体协调性和平衡能力。在肌肉力量的增强方面，太极拳的每一个动作都需要肌肉的收缩与放松，尤其是腰腹部和下肢肌肉。通过反复练习，这些肌肉会逐渐变得更强壮有力。与此同时，太极拳的动作要求身体各部分协同工作，从而提高了身体的协调性。太极拳还强调身体的平衡，通过不断调整重心和身体的姿势，有助于提升平衡能力，预防跌倒等意外情况的发生。

此外，太极拳对预防和改善骨质疏松、关节炎、腰椎间盘突出等问题也有显著作用。太极拳的动作缓慢而流畅，能够减轻关节的负担，避免关节过度磨损。同时，太极拳的练习可以增强骨骼的密度和弹性，有助于预防骨质疏松。对于腰椎间盘突出等问题，太极拳的练习能够增强腰背部肌肉的力量，改善腰椎的稳定性，从而减轻症状。因此，无论是年轻人还是老年人，都可以尝试练习太极拳，享受其带来的益处。当然，在练习太极拳时，也需要根据个人身体状况和兴趣爱好选择适合自己的练习方式和强度，避免过度运动带来的伤害。

（二）改善心理健康

首先，太极拳要求练习者心灵沉静，通过柔和、流畅的动作与呼吸的配合，达到身心的和谐统一。这种练习方式不仅有助于缓解压力、舒缓情绪，更是对改善抑郁症、焦虑症等心理问题有显著效果。同时太极拳还要求练习者全神贯注，将注意力集中在每一个动作上，从而有效地将外界的压力和纷扰隔绝开来。这种专注和冥想的状态，能够使人的心灵逐渐放松，进入一种平静、宁静的状态。太极拳的动作缓慢、柔和，强调呼吸与动作的协调配合。这种呼吸方式被称为"腹式呼吸"，它能够对神经系统产生积极影响，能够刺激副交感神经的活性，从而缓解交感神经的过度兴奋，达到放松身心的效果。

（三）提高免疫力

太极拳在练习过程中，身体的各个部位都在不断地运动和放松，这有助于加快血液循环，提高新陈代谢。太极拳的动作柔和、缓慢，使得练习者在运动过程中能够充分感受到气流在身体内的流动，从而刺激身体内的免疫细胞，提升身体的抵抗力。现代医学研究也证实，适度的有氧运动可以增强免疫系统的功能，减少疾病的发生。太极拳正是这样一种理想的运动方式，它让人们在轻松愉悦的氛围中，达到锻炼身体、提高免疫力的目的。

同时，太极拳的深呼吸练习可以增加肺活量，提高呼吸系统的功能，对于改善呼吸系统疾病有良好的效果。太极拳强调呼吸与动作的协调配合，在练习过程中，练习者需要将注意力集中在呼吸上，通过深呼吸来引导动作的进行。这种呼吸方式有助于改善肺部的通气功能，提高呼吸系统的抵抗力，从而有效预防感冒等呼吸系统疾病。

第二节
二十四式太极拳

一、起势

（1）身体自然直立，两脚开立，与肩同宽，脚尖向前；两臂自然下垂，两手放在大腿外侧；眼向前平视（图7-1）。

（2）两臂慢慢向前平举，两手高与肩平，与肩同宽，手心向下（图7-2）。

（3）两掌轻轻下按，两肘下垂与两膝相对；同时上体保持挺直，两腿屈膝下蹲；眼平视前方（图7-3、图7-4）。

图7-1　起势一　　　　　图7-2　起势二　　　　　图7-3　起势三　　　　　图7-4　起势四

二、左右野马分鬃

（1）上体微向右转，身体重心移至右腿上；同时右臂收在胸前平屈，手心向下，左手经体前向右下划弧放在右手下，手心向上，两手心相对成抱球状；左脚随即收到右脚内侧，脚尖点地；眼看右手（图7-5、图7-6）。

（2）上体微向左转，左脚向前方迈出，右脚跟后蹬，右腿自然伸直，成左弓步；同时上体继续向左转，左、右手随转体慢慢分别向左上、右下分开，左手高与眼平（手心斜向上），肘微屈；右手落在右胯旁，肘也微屈，手心向下，指尖向前；眼看左手（图7-7至图7-9）。

（3）上体慢慢后坐，身体重心移至右腿，左脚尖翘起，微向外撇（45°～60°），随后脚掌慢慢踏实，左腿慢慢前弓，身体左转，身体重心再移至左腿；同时左手翻转向下，左臂收在胸前平屈，右手向左上划弧放在左手下，两手心相对成抱球状；右脚随即收到左脚内侧，脚尖点地；眼看左手（图7-10至图7-12）。

（4）右腿向右前方迈出，左腿自然伸直，成右弓步；同时上体右转，左、右手随转体分别慢慢向左下、右上分开，右手高与眼平（手心斜向上），肘微屈；左手落在左胯旁，肘也微屈，手心向下，指尖向前；眼看右手（图7-13、图7-14）。

（5）与（3）同，只是左右相反（图7-15至图7-17）。

（6）与（4）同，只是左右相反（图7-18、图7-19）。

图7-5　左右野马分鬃一　图7-6　左右野马分鬃二　图7-7　左右野马分鬃三　图7-8　左右野马分鬃四

图7-9　左右野马分鬃五　图7-10　左右野马分鬃六　图7-11　左右野马分鬃七　图7-12　左右野马分鬃八

图7-13　左右野马分鬃九　图7-14　左右野马分鬃十　图7-15　左右野马分鬃十一　图7-16　左右野马分鬃十二

 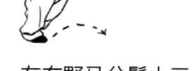  

图7-17　左右野马分鬃十三　图7-18　左右野马分鬃十四　图7-19　左右野马分鬃十五

三、白鹤亮翅

（1）上体微向左转，左手翻掌向下，左臂平屈胸前，右手向左下划弧，手心转向上，与左手成抱球状；眼看左手（图7-20）。

（2）右脚跟进半步，上体后坐，身体重心移至右腿，上体先向右转，面向右前方，眼看右手；然后左脚稍向前移，脚尖点地，成左虚步；同时上体再微向左转，面向前方，两手随转体慢慢向右上左下分开，右手上提停于头右侧，手心向左后方，左手落于左胯前，手心向下，指尖向前（图7-21、图7-22）。

（3）白鹤亮翅。跟步抱球、后坐转体、虚步分手。

图7-20　白鹤亮翅一　　图7-21　白鹤亮翅二　　图7-22　白鹤亮翅三

四、左右搂膝拗步

（1）左搂膝拗步：转体落手、转体收脚、迈步屈肘、弓步搂推（图7-23至图7-27）。
（2）右搂膝拗步：后坐跷脚、转体跟脚、迈步屈肘、弓步搂推（图7-28至图7-31）。
（3）重复（1）（图7-32至图7-37）。

图7-23　左搂膝拗步一　　图7-24　左搂膝拗步二　　图7-25　左搂膝拗步三　　图7-26　左搂膝拗步四

图7-27　左搂膝拗步五　　图7-28　右搂膝拗步一　　图7-29　右搂膝拗步二　　图7-30　右搂膝拗步三

图7-31　右搂膝拗步四　　图7-32　左右搂膝拗步六　　图7-33　左右搂膝拗步七　　图7-34　左右搂膝拗步八

图7-35　左右搂膝拗步九　　图7-36　左右搂膝拗步十　　图7-37　左右搂膝拗步十一

五、手挥琵琶

跟不松手、后坐挑拳、虚步合臂（图7-38至图7-40）。

图7-38　手挥琵琶一　　　图7-39　手挥琵琶二　　　图7-40　手挥琵琶三

六、左右倒卷肱

（1）右倒卷肱：转体撤手、提膝屈肘、退步错手、虚步推掌（图7-41至图7-44）。

（2）左倒卷肱：转体撤手、提膝屈肘、退步错手、虚步推掌（图7-45至图7-48）。

（3）左右倒卷肱：转体撤手、提膝屈肘、退步错手、虚步推掌（图7-49至图7-53）。

图7-41　右倒卷肱一

图7-42　右倒卷肱二　　　图7-43　右倒卷肱三　　　图7-44　右倒卷肱四　　　图7-45　左倒卷肱一

图7-46　左倒卷肱二　　　图7-47　左倒卷肱三　　　图7-48　左倒卷肱四　　　图7-49　左右倒卷肱一

图7-50　左右倒卷肱二　　图7-51　左右倒卷肱三　　图7-52　左右倒卷肱四　　图7-53　左右倒卷肱五

七、左揽雀尾

转体撤手、抱球收脚、迈步分手、弓步掤臂、转体伸臂、转体后将、转体搭手、弓步前挤、后坐收掌、弓步按掌（图7-54至图7-66）。

图7-54　左揽雀尾一　　　图7-55　左揽雀尾二　　　图7-56　左揽雀尾三　　　图7-57　左揽雀尾四

图7-58 左揽雀尾五　　图7-59 左揽雀尾六　　图7-60 左揽雀尾七　　图7-61 左揽雀尾八

图7-62 左揽雀尾九　　图7-63 左揽雀尾十　　图7-64 左揽雀尾十一　　图7-65 左揽雀尾十二　　图7-66 左揽雀尾十三

八、右揽雀尾

转体扣脚、抱球收脚、迈步分手、弓步掤臂、转体伸臂、转体后捋、转体搭手、弓步前挤、后坐收掌、弓步按掌（图7-67至图7-74）。

图7-67 右揽雀尾一　　图7-68 右揽雀尾二　　图7-69 右揽雀尾三　　图7-70 右揽雀尾四

图7-71 右揽雀尾五　　图7-72 右揽雀尾六　　图7-73 右揽雀尾七　　图7-74 右揽雀尾八

九、大单鞭

上体后坐、转体扣脚、勾手收脚、转体迈步、弓步推掌（图7-75至图7-80）。

图7-75 单鞭一

图7-76 单鞭二

图7-77 单鞭三

图7-78 单鞭四

图7-79 单鞭五

图7-80 单鞭六

十、云手

（1）转体扣脚、转体撑掌、转体云手、撑掌收步（图7-81至图7-86）。

（2）转体云手、撑掌出步、转体云手、撑掌收步（图7-87至图7-90）。

图7-81 云手一

图7-82 云手二

图7-83 云手三

图7-84 云手四

图7-85 云手五

图7-86 云手六

图7-87 云手七　　　图7-88 云手八　　　图7-89 云手九　　　图7-90 云手十

十一、小单鞭

转体勾手、转体迈步、弓步推掌（图7-91至图7-95）。

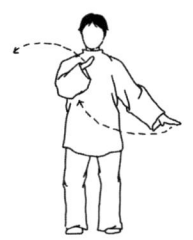  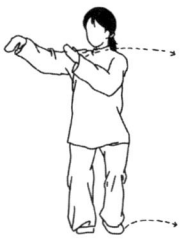  

图7-91 单鞭一　图7-92 单鞭二　图7-93 单鞭三　图7-94 单鞭四　图7-95 单鞭五

十二、高探马

跟步松手、后坐翻掌、虚步推掌（图7-96、图7-97）。

十三、右蹬脚

穿掌提脚、弓步分手、跟步合抱、提膝分手、蹬脚撑臂（图7-98至图7-103）。

图7-96 高探马一　图7-97 高探马二　图7-98 右蹬脚一　图7-99 右蹬脚二　图7-100 右蹬脚三

图7-101 右蹬脚四　　图7-102 右蹬脚五　　图7-103 右蹬脚六

十四、双峰贯耳

收腿落手、迈步分手、弓步贯拳（图7-104至图7-106）。

图7-104 双峰贯耳一　　图7-105 双峰贯耳二　　图7-106 双峰贯耳三

十五、转身左蹬脚

后坐跷脚松手、转体扣脚分手、收脚合抱、提膝分手、蹬脚撑臂（图7-107至图7-113）。

图7-107 转身左蹬脚一　　图7-108 转身左蹬脚二　　图7-109 转身左蹬脚三　　图7-110 转身左蹬脚四

图7-111 转身左蹬脚五　　图7-112 转身左蹬脚六　　图7-113 转身左蹬脚七

十六、左下势独立

收脚勾手、蹲身仆步、转体穿掌、弓腿起身、提膝挑掌（图7-114至图7-119）。

图7-114　左下势独立一　　图7-115　左下势独立二　　图7-116　左下势独立三

图7-117　左下势独立四　　图7-118　左下势独立五　　图7-119　左下势独立六

十七、右下势独立

落脚勾手、蹲身仆步、转体穿掌、弓腿起身、提膝挑掌（图7-120至图7-126）。

图7-120　右下势独立一　　图7-121　右下势独立二　　图7-122　右下势独立三　　图7-123　右下势独立四

图7-124　右下势独立五　　图7-125　右下势独立六　　图7-126　右下势独立七

十八、右左穿梭

（1）右穿梭：落脚坐盘、抱球跟脚、迈步滚球、弓步推架（图7-127至图7-132）。

（2）左穿梭：后坐跷脚、抱球跟脚、迈步滚球、弓步推架（图7-133至图7-136）。

图7-127 右穿梭一　　图7-128 右穿梭二　　图7-129 右穿梭三　　图7-130 右穿梭四

图7-131 右穿梭五　　图7-132 右穿梭六　　图7-133 左穿梭一

图7-134 左穿梭二　　图7-135 左穿梭三　　图7-136 左穿梭四

十九、海底针

跟步松手、后坐提手、虚步插掌（图7-137至图7-139）。

图7-137 海底针一　　图7-138 海底针二　　图7-139 海底针三

二十、闪通臂

提手收脚、迈步分手、弓步推掌（图7-140至图7-142）。

图7-140 闪通臂一

图7-141 闪通臂二

图7-142 闪通臂三

二十一、转身搬拦捶

转体扣脚、坐身握拳、踩脚搬拳、转体旋臂、上步拦掌、弓步打拳（图7-143至图7-151）。

图7-143 转身搬拦捶一

图7-144 转身搬拦捶二

图7-145 转身搬拦捶三

图7-146 转身搬拦捶四

图7-147 转身搬拦捶五

图7-148 转身搬拦捶六

图7-149 转身搬拦捶七

图7-150 转身搬拦捶八

图7-151 转身搬拦捶九

二十二、如封似闭

穿掌翻手、后坐收掌、弓步按掌（图7-152至图7-156）。

图7-152　如封似闭一　　图7-153　如封似闭二　　图7-154　如封似闭三

图7-155　如封似闭四　　图7-156　如封似闭五

二十三、十字手

转体扣脚、弓步分手、坐腿扣脚、收脚合抱（图7-157至图7-161）。

图7-157　十字手一　图7-158　十字手二　图7-159　十字手三　图7-160　十字手四　图7-161　十字手五

二十四、收势

翻掌前撑、分手下落、收脚还原（图7-162至图7-164）。

  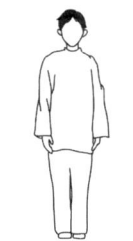

图7-162　收势一　　　图7-163　收势二　　　图7-164　收势三

思政课堂

太极拳中蕴含的中华传统文化哲理

太极拳缓慢流畅、连绵不断，它所强调的"以柔克刚、以静制动"，不仅仅是一种武术技巧，更是一种高深的处世哲学。它告诉我们，在面对生活中的困难和挑战时，应该学会保持冷静和理智，用智慧和策略去化解矛盾，而不是仅凭一腔热血和冲动。这种以柔克刚的智慧，让我们能够在复杂多变的社会环境中，找到最佳的应对方式，实现自身的成长和发展。

太极拳还强调"心静如水"，即保持内心的平静和宁静。在快节奏、高压力的现代社会中，我们常常因为各种琐事和压力而感到焦虑和不安。而太极拳的练习过程中，需要我们不断调整自己的呼吸、姿势和意念，正是通过独特的呼吸法和动作设计，太极拳帮助我们调节呼吸、放松身心，达到内心的平静和宁静。这种内心的平静和宁静，不仅有助于我们的身心健康，更能够让我们在面对生活中的各种挑战和困难时，保持冷静和理智，做出更加明智的决策。

太极拳的实践过程中还蕴含着"天人合一"的哲学思想。当我们全身心投入太极拳的每一个动作时，仿佛与天地融为一体，与自然界的律动和谐共舞。它强调人与自然的和谐统一，倡导我们要尊重自然、顺应自然、保护自然。这种思想对于培养我们的环保意识和社会责任感具有重要意义。通过习练太极拳，我们可以更加深入地理解人与自然的关系，学会珍惜和保护我们的地球家园。

思考与练习

1. 太极拳的运动特点有哪些？
2. 太极拳的养生与健身功效有哪些？
3. 通过习练二十四式太极拳，你有哪些感受？

第八章

其他体育项目

学习目标

1. 正确认识跆拳道运动、武术运动以及游泳运动。
2. 掌握跆拳道运动、武术运动以及游泳运动基本技术。
3. 掌握游泳运动安全知识。

跆拳道、武术和游泳三项运动各具特色，共同构成了大学体育的丰富多彩。跆拳道强调"以礼始，以礼终"的尚武精神，让大学生在锻炼身体的同时，也培养了坚韧不拔的意志和勇于进取的精神；武术作为中华民族的国粹，以技击动作为素材，不仅能增强体质，还能防身自卫，深受大学生喜爱；游泳则是一项全身运动，能提高心肺功能，促进新陈代谢，培养勇敢顽强的意志品质，对大学生身心素质的全面发展具有显著效果。

第一节 跆拳道运动

一、跆拳道运动概述

（一）跆拳道的概念、起源和发展

跆拳道是一项主要使用手及脚进行格斗或对抗的运动。"跆拳道"这个名字蕴含着丰富的意义。其中，"跆"字代表着腿部的技术体系，强调腿部的灵活性和力量；"拳"字则代表手和躯干的技术体系，凸显出手部动作与身体力量的完美结合；而"道"字，更是体现了这一武术形式的哲学思想和训练方法。跆拳道不仅强调手脚技术的协调与力量，更注重内在的精神修养和道德境界的提升，它不仅仅是一种体育运动，更是一种通过身体锻炼达到精神升华的修行方式。

跆拳道起源于朝鲜半岛，回顾跆拳道的发展历程，我们可以看到其不断壮大与完善的历程。1955年，韩国的崔泓熙将军将唐手、空手、拳法、韩国古典武道等不同的武道形式统一，命名为"跆拳道"，为其发展打下了坚实的基础。随后，1961年，韩国成立了唐手道协会，后更名为跆拳道协会，进一步推动了跆拳道的发展，1966年更是成立了第一个国际性跆拳道组织——国际跆拳道联盟（ITF），使得跆拳道开始走向世界。1973年，世界跆拳道联盟（WTF）在韩国汉城成立，成为跆拳道的另一个重要国际组织。1975年，世界跆拳道联合会被纳为国际体育联盟正式委员，进一步提升了跆拳道的国际地位。1980年，国际奥委会正式承认了世界跆拳道联盟，使得跆拳道有了进入奥运会的机会。最终在2000年悉尼奥运会上，跆拳道正式成为奥运会比赛项目，为这项古老运动注入了新的活力。

（二）跆拳道的分类及内容

现代跆拳道已演变出两种截然不同的流派：竞技跆拳道和武道跆拳道。这两种流派虽然同出一源，但在训练目的、技术运用和比赛规则上却有着显著的区别。

1. 竞技跆拳道

竞技跆拳道是一项以激烈对抗和高超技巧为特点的运动，自从成为奥运会的正式比赛项目以来，就吸引了全球众多武术爱好者的目光。竞技跆拳道不仅仅是一种体育竞技，更是一种集力量、速度、技巧和智慧于一体的综合性表现运动。竞技跆拳道强调腿法的灵活运用，这其中包括踢、踹、扫、旋等各种动作。这些动作看似简单，实则需要极高的速度和精准的角度，才能在比赛中有效地打击对手。选手们通过不断的训练和实践，将腿法技巧融入自己的比赛中，形成独特的战术风格。在竞技跆拳道的比赛中，选手们需要严格遵守规则，禁止使用拳头击打对手的面部，也不能使用膝、肘的击打动作，更不能抱摔对手。这些限制使得竞技跆拳道更加注重技术的细腻和精准度，同时也考验着选手们的反应速度和战术运用。

2. 武道跆拳道

与竞技跆拳道相比，武道跆拳道以其更加具有实战性的特点，吸引了越来越多的武术爱好者。武道跆拳道不仅注重技术的精湛，更强调实战中的应变能力和综合素质。它的训练内容极为丰富，涵盖了踢、打、摔、拿等格斗技术，选手们不仅要学习如何有效地用拳击打对手面部，还要掌握摔、擒拿等制服对手的技巧。这种全面的训练方式使得武道跆拳道选手在实战中更具优势，能够应对各种复杂多变的战斗环境。无论是面对身高力大的对手，还是面对技术高超的敌人，武道跆拳道选手都能凭借自己的技术和智慧找到战胜对手的方法。除了格斗技术，武道跆拳道还注重品势、功力测试和特技表演等多个方面的训练。品势训练让选手们掌握正确的姿势和动作，提高技术发挥的稳定性和效率。功力测试训练通过一系列测试项目，评估选手的技术水平和实战能力。其中，击破力是跆拳道的一种非常重要的功力测试手段。练习者需要用拳脚击碎木板等物品，通过击碎的厚度来判定自己的功力。这种测试方式不仅能检验练习者的速度和力量，还能检验他们的击打技巧和心理素质。只有具备了足够的击破力，才能在实战中发挥出跆拳道的威力。而特技表演训练则让选手们在展现技术的同时，也提升了自信心和舞台表现力。

（三）跆拳道的特点

1. 以腿法为主，拳脚并用

在跆拳道的竞技场上，腿法攻击被广泛应用。据统计数据显示，在跆拳道技术体系中，腿法约占总技法的70%，这一比例足以说明腿法在跆拳道中的重要性和主导地位。腿法攻击在攻击范围上具有显著优势，由于腿部较长，攻击时可以覆盖更远的距离，使得对手难以预测和防范，打乱其节奏和阵脚。同时，腿法攻击在攻击力量上也远超拳法，腿部的肌肉群更大，力量更强，因此腿法攻击能够产生更大的冲击力。这种强大的冲击力不仅可以直接击败对手，还可以为后续的连续攻击创造有利条件。相比之下，拳法的招式一般偏重于防守和格挡，攻击力量相对较小，难以对对手造成实质性的威胁。此外，跆拳道的规则也限制了拳法的使用。在跆拳道的竞技规则中，拳法攻击仅限于击打对手的腰部以上部位，而腿法攻击则可以攻击对手的腰部以下部位。这种规则设置使得拳法的攻击范围受到了限制，而腿法攻击则能够充分发挥其远程和威力的优势。

2. 动作追求速度、力量和击打效果

跆拳道的每一个动作，无论是拳法、脚法，还是身法，都是以实战应用为出发点，追求速度、力量和击打效果的完美结合。在跆拳道的训练中，速度是非常重要的一个因素。因为在实际格斗中，速度往往决定了胜负。只有快速的攻击，才能让对方措手不及，无法做出有效的防御。因此，跆拳道的练习者需要不断地进行速度训练，提高自己的反应速度和动作速度。在格斗时，力量是击倒对手的关键。只有强大的力量，才能让攻击更具威力，让对手无法承受。跆拳道练习者需要通过各种力量训练，如举重、俯卧撑等，来增强自己的肌肉力量。击打效果，是跆拳道格斗追求的一个重要目标。无论是拳法还是脚法，都需要在击中目标时产生强烈的击打效果。这种击打效果不仅能让对手感到疼痛，还能让对手产生恐惧，从而取得心理上的优势。

3. 强调呼吸，发声扬威

在跆拳道的比赛中，我们常常可以看到运动者在执行动作时发出响亮的喊叫声。这不仅展示出了自己的气势和威力，还能在一定程度上震慑对手，使其在气势上先输一筹。其实，这种发声更是为了提高运动员的运动表现，有相关研究为我们揭示了其中的奥秘。

研究表明，当人在进行无负荷工作时，仅仅通过发声，就可以使10%的肌肉收缩速度提高9%。而在进行有负荷的工作时，这种提高效果更是显著，可以达到14%。这意味着，在跆拳道的训练和比赛中，运动员通过发出洪亮而带有威慑力的声音，可以提高自己的肌肉收缩速度，从而更加迅猛、有力地完成动作。不仅如此，发声的同时停止呼吸也是跆拳道练习中的一个重要技巧。这种技巧能够减小人体内部的阻力，进一步提高动作速度。同时，它还有助于练习者集中精力，将全部的注意力都集中在即将执行的动作上，从而使动作发挥出更大的威力。

4. 以刚制刚，方法简练

受跆拳道精神的深刻影响，运动者在比赛中展现出的多是直击直打、接触防守的战术风格。这种战术风格不仅体现了跆拳道的核心理念，也是运动员们追求卓越、尊重对手和追求公平竞赛的表现。

在跆拳道的竞技场上，进攻多采用直接、连续的方式，运动员们以快速、连贯的脚法组合击打对手，展现出惊人的爆发力和精确度。这种战术不仅考验运动员的身体素质和技术水平，更体现了他们在压力下保持冷静、果断决策的能力。而躲闪技术的运用，则相对较少。这并不是因为运动员们缺乏这方面的训练，而是因为在跆拳道的战术体系中，更倾向于通过积极的进攻和防守来掌控比赛节奏。躲闪虽然可以规避对手的攻击，但也可能让运动员失去主动进攻的机会，因此，在跆拳道的比赛中，躲闪技术的运用需要谨慎。在防守方面，运动员们多采用格挡技术，或是以攻对攻、以攻代防的战术，不仅能够有效地化解对手的攻击，还能在防守的同时发起新的进攻，打乱对手的节奏，制造进攻方的失误。

二、跆拳道运动基本技术

（一）准备姿势与原地换步

1. 准备姿势

准备姿势也称实战姿势或格斗式，是跆拳道训练或比赛开始时的基本站立姿势。准备姿势应便于跆拳道步法的移动及腿法的施展。

（1）动作过程。

立正姿势站立，双手握拳垂于体侧；以右架准备姿势为例，右脚往后撤一步，两脚前后距离为一步，左右距离为一脚，身体侧对前方。双手握拳正对前方，肘关节紧贴身体；眼睛平视前方，重心在两脚中间，膝关节略弯曲。

（2）注意事项。

动作迅速、轻盈，手脚一步到位，两脚之间的距离和重心可根据练习者的自身情况进行调整。

2. 原地换步

原地换步是调整左、右准备姿势常用的一项基本技术，常用在对方与自己是闭式站位，自己为了与对方形成开式站位以便有利于击打对方胸腹时，或是为了不让对方的优势腿发挥威力，使对方感到别扭时。

（1）动作过程。

右架站立，两脚原地前后交换，由右架换成左架，左架亦然。

（2）注意事项。

重心不宜起伏过大，尽量使重心平稳移动，两脚稍离地即可。

（二）步法

步法是指在以准备姿势站立后，向不同方向移动的方法。步法是跆拳道战术重要的组成部分，能体现练习者动作的灵活性，在一定程度上决定着其进攻和防守的能力。

1. 上步、后撤步

（1）上步。

①动作过程：右架站立，右脚向前上一步，成为左架。

②注意事项：上步通过向左拧腰转胯完成，两臂在体侧自然上下移动，重心不要上下起伏过大。

③实战技巧：上步时常用于逼迫对方后撤，或引诱对方进攻，而当对手使用上步时，自己可以立即使用进攻技术攻击对方。

（2）后撤步。

①动作过程：右架站立，左脚向后撤一步，成为左架。

②注意事项：后撤步时重心保持平稳的移动，通过向左拧腰转髋完成，两臂在体侧自然上下移动。

③实战技巧：后撤步常用在对方使用前横踢时，当对方准备继续进攻时，可使用前腿的侧踢或劈腿阻击对方。

2. 前滑步、后滑步

（1）前滑步。

①动作过程：右架站立，右脚蹬地，左脚先向前迈一步，右脚快速跟步，保持右架准备姿势。

②注意事项：向前滑步时，重心不宜起伏过大，尽量使重心平稳移动，两脚稍离地即可。

③实战技巧：前滑步常用在快速接近对方以使用横踢或劈腿等进攻动作时；当对方前滑步时，可使用前腿的劈腿或后踢等进攻动作。但是，有时对方使用前滑步是为了趁我们反击后要调整重心之时进攻得点，此时可随之后撤一步而不被对方所利用。

（2）后滑步。

①动作过程：右架站立，左脚蹬地，右脚先向后退一步，左脚快速撤步，保持右架准备姿势。

②注意事项：向后滑步时，重心不宜起伏过大，尽量使重心平稳移动，两脚稍离地即可。

③实战技巧：后滑步常使用在对方进攻，需要快速与对方拉开距离时，此时由于自己有一个向后撤的惯性，再用进攻的动作就有一定的难度，一般是使用迎击动作后踢或后旋等。因此，若对方使用后滑步，则要防止对方的阻击动作；如果使用组合动作，在对方滑步时，一般使用侧踢、推踢等动作。

3. 右侧移步、左侧移步

（1）右侧移步。

①动作过程：第一种步法右架站立，右脚右前方侧向移动，成左架准备姿势；第二种步法是右架站立，右脚向右后方侧移动一步，随之左脚也迅速向右侧移动一步，保持右架准备姿势。

②注意事项：一般是将身体重心移向前脚，以利于后腿进攻。

③实战技巧：主动进攻时，对方反应速度快，则向一侧移动侧移步，诱使对方来不及调整身体重心而不能很好地反击。或是当对方进攻时，自己不向后撤，而使用侧移步与对方贴近使用进攻动作。

（2）左侧移步。

①动作过程：第一种步法是右架站立，左脚左前方侧向移动，右脚跟进，保持右架准备姿势；第二种步法是右架站立，左脚向左后方侧移动一步，随之右脚也迅速向左侧移动一步，成左架准备姿势。

②注意事项：一般是将身体重心移向前脚，以利于后腿进攻。

③实战技巧：主动进攻时，对方反应速度快，则向一侧移步，诱使对方来不及调整身体重心而不能很好地反击。或是当对方进攻时，自己不向后撤，而在使用侧移步与对方贴近时用进攻动作。

4. 垫步上前、垫步后退

（1）垫步上前。

①动作过程：右架站立，右脚向左脚内侧上步，同时左腿迅速抬起以便进攻。

②注意事项：右脚垫步时，左脚要迅速提起，重心落在右腿上，右膝微屈。

③实战技巧：使用垫步上前，主要是在主动进攻时用前腿攻击对方。

（2）垫步后退。

①动作过程：右架站立，左脚向右脚内侧退步，同时右腿迅速抬起往后退步。

②注意事项：左脚垫步时，右脚要迅速提起，重心落在左腿上，右脚往后落地。

③实战技巧：使用垫步后退，主要是在前腿主动进攻后快速回撤，保持实战姿势。

第二节 武术运动

一、武术运动概述

（一）武术运动的起源与发展

中国武术是中华民族在长期的生产劳动、与大自然的搏斗和冷兵器时代的战争中逐步形成与发展起来的一种体育项目，具有健身、护体、防敌、制胜的作用。武术的根源可追溯至远古人类的生产劳动。在原始社会，兽多人少，自然环境十分恶劣。在与自然进行斗争的过程中，人们产生了拳打脚踢、指抓掌击、跳跃翻滚等初级攻防手段，后来又学会了制造和使用石制或木制的工具作为武器，产生了一些徒手的和使用器械的搏斗捕杀技能，这就是武术的萌芽。原始社会末期，部落战争频繁发生，促进了武术的发展。在部落战争中，远距离通常使用弓箭、投掷器，近距离通常使用棍棒、刀斧、长矛。凡是能用于捕斗搏击的生产工具都成为战斗武器。

先秦时期，各国诸侯都非常重视培养和训练将士们的搏击技术，剑术得到发展。汉代，带有搏击性质的"角抵"已有广泛基础，还发明了铁兵器，出现了编排起来的攻防连续套路。到了晋代，练武活动已有"口诀要术"，武术初见雏形。

唐代，是中国武术的兴盛时期。武举制的实行使得不少武术人才脱颖而出，天下闻名的少林武术的最早记载也在唐朝初年。宋代，中国武术走向成熟。健身练武已成为志士仁人生活的重要内容。而且，在民间还组成了研习武艺的组织——"社"，开始出现武术的一些流派。元代出现了某些以传授武艺为主要内容的武馆。明清时期，民间习武更为广泛，门派林立，出现了数百种武术套路，武术流派趋于定型。

进入20世纪后，随着社会的变革，武术逐渐恢复了其应有的地位。各种拳社组织的出现，以及政府对武术的重视和推广，都为武术的发展提供了有力的支持。特别是在中华人民共和国成立后，武术得到了空前的发展，不仅被列为体育竞赛项目，还成立了专门的武术协会和组织。这些举措极大地推动了武术的普及和提高，也为其未来的发展奠定了坚实的基础。

武术，作为中华民族独特的文化瑰宝，其发展历程充满了曲折与辉煌。从军事战争的催化剂到民间文化的代表，从竞技娱乐的融合到规范化、表演化的发展，再到现代的普及与提高，武术始终与中华民族的历史和文化紧密相连。今天，我们更应珍惜这一文化遗产，继续推动武术的发展和创新，使其在继承传统的基础上进一步向科学化方向发展。

（二）武术运动的特点

1. 既有搏斗运动，又有套路运动

中国武术最大的一个特点是：既有相击形式的搏斗运动，又有舞练形式的套路运动。这是其他民族和国家所没有或少有的。在古代，武术由军事技能发展为搏斗运动的体育项目，有"角抵""手搏""相扑""击剑"等；发展为套路运动的体育项目，有"打拳""舞剑""盘戟""舞轮""使棒""使枪"等。武术一直是循着相击的搏斗运动和舞练的套路运动这两种形式向前发展着。后来随着岁月的流逝，套路运动在发展过程中逐步占据了武术的主要地位，而且内容、形式和流派越来越绚丽多彩。练习套路运动，有利于发展人体的速度、力量、灵敏性、协调性和耐力等素质，以及勇猛、顽强、坚韧不拔的意志。

2. 具有攻防技击性

攻防技击性，是武术运动的主要特点。即使是套路运动，在它的动作和练法中，一般的也都具有攻防技击的意义。如组成武术套路运动主要内容的踢、打、摔、拿、击、刺等动作，它们都有着不同的技击特点和攻防规律。由于攻防技击性这一特点的存在，人们通过武术锻炼，不仅能够增强体质，而且能够掌握一些格斗的攻防技术。

3. 具有内外合一、形神兼备的练功方法

内外合一、形神兼备的练功方法，也是武术运动的一大特点。所谓内，指的是心、神、意、气等内在的心志活动和气息运行。所谓外，指的是手、眼、身、步等外在的形体活动。许多拳种和流派，都十分强调内外合一、形神兼备的练功方法。例如，太极拳强调"以心使身""用意识引导动作"；南拳强调"内练心神意气胆，外练手眼身腰马"。这种练功方法，对外能够健关节、强筋骨、壮体魄，对内能够理脏腑、通经脉、调精神，使身心得到全面的锻炼。

4. 具有广泛的适应性

武术运动不仅锻炼价值高，而且内容丰富、形式多样，不同的拳术有着不同的动作结构、技术要求、运动风格和运动量，它可以不受年龄、性别、体质、时间、季节、场地和器材的限制，人们可以根据自己的需要和条件，选择合适的项目来进行锻炼，这给开展群众性的体育活动提供了方便。因此，武术运动有着广泛的适应性。

（三）武术运动的分类

（1）拳术类：包括各种徒手拳术，如长拳、太极拳、南拳、形意拳、八卦掌、八极拳、通背拳、劈挂拳、翻子拳、地趟拳、象形拳等。

（2）器械类。

短器械：刀术、剑术等。

长器械：枪术、棍术等。

双器械：双刀、双剑、双钩、双鞭、双头枪、单刀加鞭等。

轻器械：三节棍、九节鞭、流星锤、绳标等。

（3）对练类。

徒手对练：对打拳、对擒拿等。

器械对练：对劈刀、对刺剑、对扎枪、对打棍、单刀进枪、双刀进枪、朴刀进枪、三节棍进枪等。

徒手与器械对练：空手夺枪、空手夺棍、空手夺刀、空手夺匕首等。

（4）集体项目：即各种三人以上的徒手拳术或器械的集体演练。如集体基本功、集体拳、集体剑、集体刀、集体枪、集体棍、集体九节鞭等。

（5）攻防技术：即两人之间按照一定竞技规则而进行的相互搏击运动。如散打、推手、短兵、长兵等。

二、武术运动基本技术

（一）手型

（1）拳：五指卷紧，拳面要平，拇指压于食指、中指第二指节上（图8-1）。

（2）掌：拇指外展或屈曲，其余四指伸直并拢向后伸张（图8-2）。

（3）勾：屈腕，五指聚合，或拇指与食指、中指聚合成刁勾（图8-3）。

（二）手法

（1）冲拳：拳从腰间旋臂向前快速击出，力达拳面（图8-4）。

（2）架拳：右拳向左经体前向头上方架起，拳轮朝上，臂成弧形（图8-5）。

（3）劈拳：拳自上向下快速劈击，臂伸直，力达拳轮；抡臂时臂要抡成立圆劈击（图8-6）。

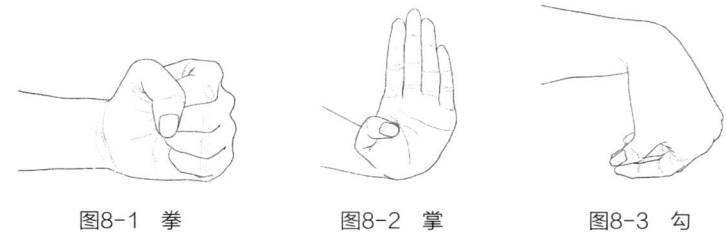

图8-1 拳　　　　图8-2 掌　　　　图8-3 勾

（4）推掌：掌由腰间旋臂向前立掌推击，速度要快，臂要直，力达掌外沿（图8-7）。

（5）亮掌：臂微屈，抖腕翻掌，举于体侧或头上（图8-8）。

（6）格肘：前臂上屈，手心向里，力在前臂，向内横拨为里格，向外横拨为外格（图8-9）。

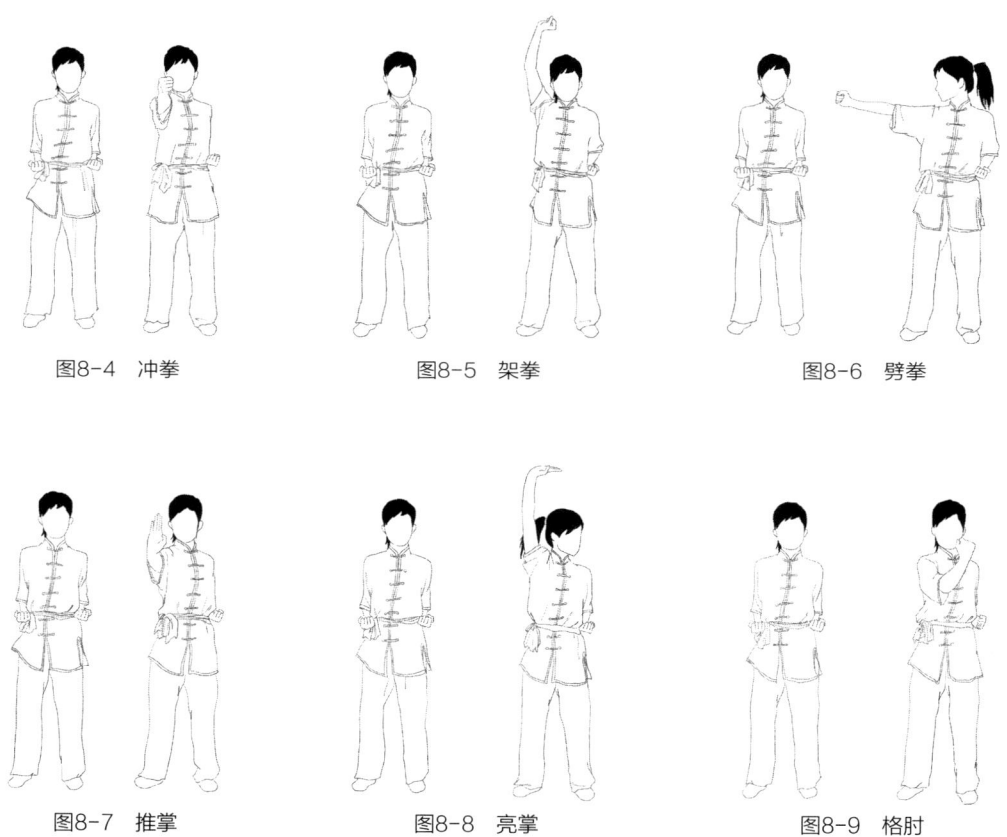

图8-4 冲拳　　　　　　图8-5 架拳　　　　　　图8-6 劈拳

图8-7 推掌　　　　　　图8-8 亮掌　　　　　　图8-9 格肘

第三节
游泳运动

一、游泳运动概述

（一）游泳运动的概念、起源与发展

游泳，是人在水的浮力作用下产生向上漂浮，凭借浮力、通过肢体有规律的运动，使身体在水中有规律运动的一项技能运动。游泳包括多种姿势，如自由泳、蛙泳、仰泳和蝶泳等。它既是一种体育竞技项目，也是一种健身和娱乐活动。游泳不仅是人类在征服自然、改造自然的生产劳动中的产物，更是在满足人们娱乐、竞争需求中逐步壮大的。从远古时代的河流湖泊中的自然游泳，到近代竞技游泳的蓬勃发展，游泳运动在人类历史长河中留下了深刻的印记。

近代游泳运动的发展可以追溯到19世纪中期和20世纪初期，当时英国和澳大利亚等国家开始兴起游泳运动。随着游泳技术的不断发展和完善，游泳比赛也逐渐成为国际性的体育赛事。1912年，我国首次参加由菲律宾发起组织的远东运动会游泳比赛，标志着我国游泳运动的起步。中华人民共和国成立后，游泳运动得到了快速发展，不仅在国内赛事中屡创佳绩，也在国际舞台上展现了中国游泳的实力。

游泳运动不仅展示了人类的智慧和勇气，更成为一种挑战自我、超越极限的精神象征。未来，随着科技的进步和游泳技术的不断发展，相信游泳运动将会继续繁荣发展。

（二）游泳运动的特殊功能

1. 健美形体

游泳时，我们的身体会不断地进行伸展和划水动作。这些动作要求我们在水中尽量伸展脊椎，加长划水动作路线。这种持续的伸展动作对矫正驼背、脊椎侧弯以及预防驼背和脊椎弯曲具有显著效果。此外，游泳时人体靠水的浮力托起，这使得身体各部位能够非常放松和舒展。在水中，我们不需要像在陆地上那样支撑整个身体的重量，因此肌肉和关节所承受的压力会大大减轻。这种放松的状态有助于促进血液循环，增强肌肉弹性，使身体各部分机能得到均匀和全面的发展。

值得注意的是，游泳对身体的全面训练也是塑造健美体型的重要因素。在游泳过程中，我们需要使用到全身的肌肉，包括上肢、下肢、核心肌群等。这种全面的肌肉训练有助于增强肌肉力量，提高身体的柔韧性和协调性。通过持续的游泳锻炼，我们可以塑造出一个更加健美的体型，展现出自信和活力。因此，无论是初学者还是经验丰富的游泳爱好者，都

可以尝试将游泳纳入日常锻炼计划中，享受它带来的健康和美丽。

2. 滋润皮肤

经常游泳的人，他们的皮肤会在水中受到水流的轻轻摩擦，这种摩擦有助于去除皮肤表面的死皮细胞，促进表皮细胞的更新。同时，水中含有的一些矿物质，如镁、钙等，这些矿物质对皮肤有很好的滋养作用，能够改善皮肤的质地和光泽。除了游泳本身对皮肤的益处外，游泳时的全身运动也可以促进血液循环，包括皮肤毛细血管中的血液循环。良好的血液循环有助于将营养物质和氧气输送到皮肤的各个层面，使皮肤保持健康和活力。此外，游泳时身体的运动也会使皮肤的毛细血管扩张，增加皮肤的血流量，有助于排出体内的毒素和废物，进一步改善皮肤的状况。

3. 增强心肺功能

游泳是一项低强度但有氧的运动，能够很好地锻炼心脏，促进心肌的发达和收缩能力的增强。在游泳时，心脏需要向全身输送更多的血液以满足肌肉的需求，这种持续的锻炼可以使心脏更加强壮，提高心脏的工作效率。此外，游泳还能促进机体的新陈代谢，有助于清除体内的废物和毒素，保持身体健康。除了对心脏有益外，游泳运动对呼吸系统的影响也是不可忽视的。通过游泳锻炼，呼吸肌可以逐渐发达和强壮有力，从而增加肺活量和呼吸深度。这种改变使得游泳者在安静时能够呈现出深而慢的呼吸模式，每次呼吸后能有较长的休息时间，不易产生疲劳。这种呼吸模式不仅满足了机体的需氧量，还有助于保持身心的平静和放松。

二、游泳运动基本技术与安全知识

（一）蛙泳基本技术

蛙泳是一种古老的游泳姿势，因动作酷似青蛙游水而得名。蛙泳动作左右对称，采用正面呼吸，间歇性强，大腿肌肉群充分参加工作，动作自然省力，所以游得远，又能保持一定的速度。此外，学好蛙泳还是学习其他泳姿的基础，因此它为初学者所首选。

蛙泳时，身体水平俯卧于水面，微抬头，稍挺胸，整个身体的纵轴与前进方向成5°~10°（图8-10）。学习蛙泳可以从学习腿动作开始。

1. 腿动作

蛙泳的腿动作有一段顺口溜：边收边分慢收腿，两脚外翻对准水，向后用力蹬夹水，两腿并拢漂一会儿。腿的动作是蛙泳的基础，是推动人体在水中前进的主要动力。其动作过程包括收腿、翻脚、蹬夹水和滑行四个紧密相连的阶段。

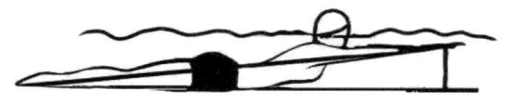

图8-10　蛙泳身体姿势

（1）收腿

收腿是从滑行开始的。腿由于本身的重量下沉，这时两腿稍内旋，脚跟分开，紧接着开始收大腿，屈小腿，膝与脚边收边分；收腿结束时，大腿与躯干之间成130°~140°，小腿尽量收拢，两脚靠紧臀部，如图8-11①②③所示。注意收腿路线要短，阻力要小，还要为蹬水创造有利条件。

（2）翻脚

翻脚是在两脚接近臀部、两小腿稍向外移时两膝稍内扣，小腿向外张开，两脚背屈，使脚掌勾紧向外翻开，脚尖朝两侧，小腿和脚内侧向后，形成良好的对水面，为蹬夹水做好准备，如图8-11④⑤所示。

（3）蹬夹水

蹬夹水时，先伸髋，并带动膝、踝相继伸直，以大腿、小腿内侧和脚掌向后作急速、有力的蹬夹水动作，推动身体前进，如图8-11⑥⑦⑧所示。

（4）滑行

蹬夹水结束后，两腿并拢滑行一会儿，为下次收腿做准备，如图8-11⑨所示。

2. 主要练习方法

（1）陆上模仿练习。

俯卧在凳子上按照蛙泳腿的动作要求进行练习（图8-12）。开始可先按口令分解做，逐渐过渡到连贯动作；也可以在同伴帮助下完成。该练习着重于体会动作，建立概念，在学习初期要多做。

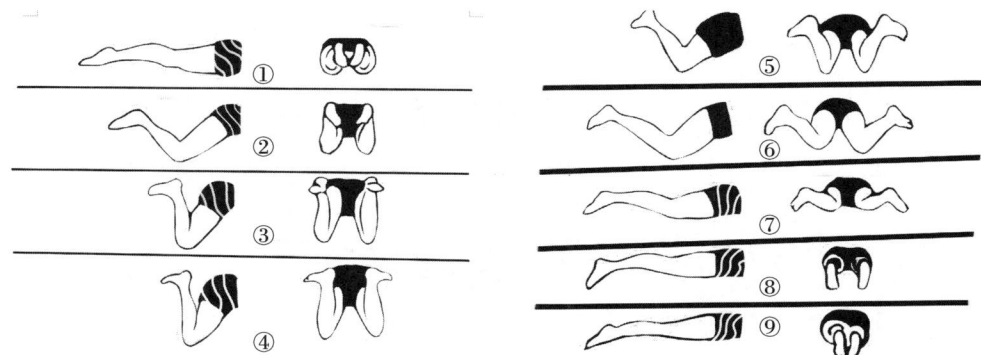

图8-11　蛙泳腿部动作

图8-12　俯卧在凳上练习蛙泳腿

（2）扶池壁蹬夹水练习。

一手抓住池槽，另一手在下方撑住池壁使身体展开。按动作要求作蹬夹水练习，也可以由同伴在后面帮助体会动作（图8-13）。该练习目的在于体会蹬夹水动作。

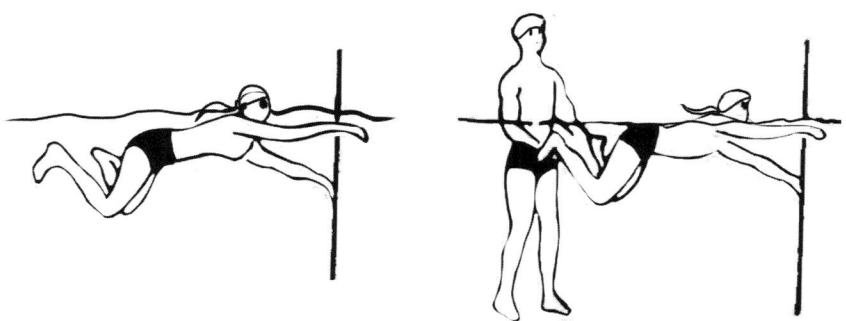

图8-13　扶池壁蹬夹水练习

（3）水中滑行中蹬夹水练习。

在蹬池壁滑行后，两臂前伸不动，专做腿的收、翻、蹬夹和滑行动作，体会在滑行中蹬夹水（图8-14）。该练习要反复做，熟练掌握。

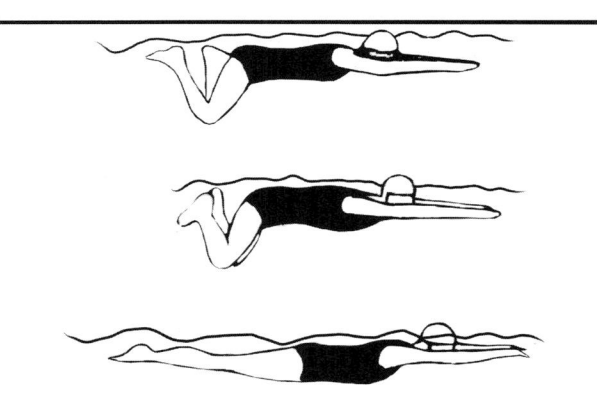

图8-14　水中滑行中蹬夹水练习

（二）游泳安全知识与急救措施

1. 游泳安全知识

（1）空腹和饭后1h之内不宜游泳。当我们的身体处于空腹状态时，血糖浓度相对较低。游泳是一项高强度的运动，需要消耗大量的能量。如果此时进行游泳，身体可能会因为缺乏足够的能量来源而出现低血糖症状。低血糖会导致反应迟钝、四肢乏力，甚至可能出现头晕、心慌等不适症状。这些症状不仅会影响我们的游泳体验，还可能增加发生意外的风险。饭后立即游泳也是不建议的。当我们吃完饭后，身体需要一定的时间来消化食物。如果此时立即进行游泳，会使身体的血液流向肌肉，从而影响消化系统的正常工作。这可能会导致消化不良、胃胀等不适症状。更为严重的是，如果食物在胃里未得到充分消化，就有可能在游泳时因为剧烈运动而呕吐。呕吐物一旦呛进呼吸道，可能会引发窒息甚至溺水。

（2）在下水前，我们必须做好充分的准备活动，并遵循一些基本的安全规则。下水前的准备活动至关重要。这是因为游泳需要全身肌肉的协同工作，而准备活动可以帮助肌肉和关节适应即将到来的运动强度。一些简单的热身运动，如慢跑、拉伸和深呼吸，可以有效地提高身体的灵活性和耐力。同时，最好用水冲淋身体，以适应水温，防止因温度骤变而引起机体不适。在游泳过程中，我们必须时刻保持警觉，注意周围环境的变化。如遇雷雨天气，应迅速上岸停止游泳。因为雷电有可能击中水面，造成严重的危险。切记不可在大树下躲避或更衣，因为大树是雷电传导的良好导体，极易引发触电事故。在这种情况下，应迅速离开水域，寻找安全的避难所，如附近的建筑物或车辆内。此外，应避免在无人看护的水域游泳，以免发生意外。不要过度自信或冒险尝试超出自己能力范围的动作，以免造成不必要的伤害。患有心脏病、高血压等慢性疾病的人，在游泳前应先咨询医生意见，以确保自身安全。

（3）公共游泳池是公众共享的休闲场所，它的管理规定是为了确保每位游泳者的安全和舒适。这些规定通常包括穿着合适的游泳装备、在进入游泳池前进行淋浴、不在非游泳区域逗留等。因此，我们应该遵守这些规定。在规定区域游泳是游泳者的责任。公共游泳池通常会划分不同的游泳区域，如浅水区、深水区等，以适应不同游泳水平的游泳者。作为游泳者，我们应该根据自己的游泳能力选择合适的区域游泳，避免进入不适合自己的区域，以免发生意外。此外，我们应该避免在游泳池中打闹或进行其他妨碍他人活动的行为。游泳池是一个公共场所，每位游泳者都有权享受宁静和舒适的游泳环境。打闹或进行其他妨碍他人活动的行为不仅会破坏游泳池的秩序，还可能引发安全事故。作为游泳者，我们还应该关注游泳池的卫生状况，发现水质不佳或设施损坏等问题时，及时向管理人员反映，以便及时处理。同时，我们也要关注游泳池的安全措施，如救生设备的配置、救生员的配备等，确保在紧急情况下能够得到及时的救援。

2. 急救措施

（1）抽筋的自我救护。

在水中游泳，由于准备活动不充分，或游泳时间过长，或天气太冷，容易引起大腿、小腿或脚掌等部位肌肉痉挛（抽筋）。消除方法：小腿和脚趾后部肌肉痉挛，可先吸一口气使身体仰浮在水面，用痉挛对侧手握住痉挛腿的脚趾，用力向身体方向拉，同时用同侧手掌压在抽筋肢体的膝盖上，帮助抽筋腿伸直；大腿痉挛，可用两手抱住小腿贴近大腿，反复振压直到解脱。如发生严重身体痉挛，应紧急呼救。

（2）水中急救。

在实施救护的过程中，为了最大程度地保障救护者和溺水者的安全，我们应优先使用救生圈、竹竿、木板等器械进行间接救护。这些器械不仅能够帮助我们有效地将溺水者拉向安全区域，还能在一定程度上减少救护过程中的风险。然而，在某些紧急情况下，我们可能无法及时获取这些救生器械，此时就必须实施徒手直接救护。在进行徒手救护时，救护者必须保持沉着、冷静的心态，以应对可能出现的各种复杂情况。在入水前，救护者需要迅速观察周围环境，辨别水流方向、水面宽窄，并选择最合适的入水地点。这些步骤看似简单，但实则至关重要，因为它们直接关系到救护行动的成功与否。

对于熟悉的水域或游泳池，救护者可以直接跳入水中展开救援。然而，在不熟悉的水域进行救援时，救护者需要特别小心。为了避免因误判水深或其他环境因素而导致的意外，救护者应先以脚探入水中，然后以最快速度接近溺水者。在此过程中，一般采用抬头爬泳或蛙泳的姿势，这样不仅可以提高游泳速度，还能使救护者更好地观察溺水者的情况，以便及时做出正确的救援决策。

当救护者距离溺水者3~5m时，应深吸一口气潜入水中，从溺水者的背后接近。这是因为从背后接近溺水者可以有效避免在救援过程中与其发生碰撞或纠缠，从而确保救援过程的顺利进行。接近溺水者后，救护者需要迅速将其拖运上岸。在此过程中，要注意保持平稳的动作和节奏，避免因急躁或慌张而导致意外发生。

（3）岸上急救。

在紧急情况下，及时的救援措施对于溺水者的生命安全至关重要。一旦将溺水者救上岸，首先要冷静观察其状况，迅速判断其呼吸和心跳情况。如果溺水者的心跳还在跳动，说明生命反应尚存，此时应立刻清理其呼吸道，确保畅通无阻。可以轻轻托起溺水者的下巴，打开其嘴巴，让头部偏向一侧，以利于呼吸道内的水分流出。

然而，如果溺水者的呼吸和心跳都已停止，说明生命垂危，此时应迅速采取紧急救援措施。切记不可盲目倒水，以免耽误宝贵的抢救时间。应立即进行口对口式的人工呼吸，同时配合心脏胸外按压。施救者要深吸一口气，将嘴巴紧密贴合溺水者的嘴巴，用力吹气两次，每次吹气时间不少于1s，然后立即进行30次连续的胸外按压。每次按压的深度应为5~6cm，频率为每分钟100~120次。

在救援过程中，要密切观察溺水者的反应。如果救援措施有效，可见溺水者的胸部起伏，说明呼吸已经恢复。然而，即使呼吸恢复，也不能掉以轻心，仍需继续进行救援，直至专业医护人员到达现场。如果救援过程中发现溺水者情况恶化，应立即在抢救的同时，迅速送往医院继续抢救。

思政课堂

跆拳道：身心的锤炼与精神的升华

跆拳道是一种蕴含着丰富中华传统文化哲学的艺术，它强调"礼义廉耻，忍耐克己，百折不屈"的精神。

其中，"礼"是跆拳道运动中最为重要的核心价值观之一。在跆拳道的训练和比赛中，我们需要向教练、队友和对手行礼，表达尊重和敬意。这种礼仪文化不仅体现了对他人的尊重，更是培养了我们的品德修养和社会责任感。通过学习跆拳道，我们能够学会如何尊重他人、如何与人相处，从而更好地适应社会生活。

"义"则代表着正义和道德。通过跆拳道学习，我们应该秉持正义的信念，坚决反对不正当的行为和暴力。在面对困难和挑战时，我们应该勇敢地站出来，维护正义和公平。这种正义的精神能够培养我们勇气和责任感，让我们成为社会的正能量。

"廉"意味着廉洁和正直。通过跆拳道学习，我们应该保持廉洁的品质，不贪图私利，不做违背道德和法律的事情。在训练和比赛中，我们应该遵守规则，不使用不正当的手段获取胜利。这种廉洁的精神能够培养我们的自律能力和道德观念，让我们成为有道德、有操守的人。

"耻"则是让我们懂得羞耻和自省。当我们犯了错误或者做了不恰当的事情时，应该感到羞耻，并及时反思自己的行为，努力改正错误。这种羞耻心和自省能力能够让我们不断进步，从而提高自己的品德修养和道德水平。

"忍耐克己"是跆拳道精神的重要组成部分。在跆拳道的训练中，我们需要面对各种艰苦的训练和挑战，需要具备坚韧不拔的毅力和忍耐能力。同时，我们还需要学会克制自己的情绪和欲望，保持冷静和理智。这种忍耐克己的精神能够让我们在面对困难和挫折时，不轻易放弃，坚持不懈地追求自己的目标。

"百折不屈"则体现了通过跆拳道学习获得顽强的意志和不屈不挠的精神。无论遇到多大的困难和挫折，我们都应该保持坚定的信念，勇往直前，永不退缩。这种百折不屈的精神能够让我们在人生的道路上克服重重困难，实现自己的梦想和价值。

武术：中华民族的文化瑰宝

武术中蕴含着深刻的人生智慧和道德准则。武术强调"德艺双馨"，将品德修养视为习武的重要基础。"武以德为先"，习武之人应当具备高尚的品德和道德操守。这包括尊师重道、团结友爱、诚实守信、见义勇为等品质。在武术的传承中，师傅不仅传授武艺，更注重培养徒弟的品德和人格。通过习武，人们学会了尊重他人、关爱他人，培养了团队合作精神和社会责任感。这种品德修养的培养，使武术不仅仅是一种技艺，更是一种道德教育的手段，有助于培养我们的良好品德和社会风尚。

武术中的"阴阳调和"思想体现了中国传统文化中的辩证思维。武术的招式和动作中蕴含着阴阳的变化，如刚柔相济、动静结合、攻防兼备等。刚与柔、动与静、攻与防并不是相互对立的，而是相互依存、相互转化的。在武术的实践中，我们需要根据实际情况灵活运用这些原则，达到最佳的效果。这种阴阳调和的思想，不仅适用于武术，也适用于我们的生活。在面对各种问题和挑战时，我们应该学会运用辩证的思维，把握事物的两面性，寻求平衡和和谐，以达到更好的解决问题的方法。

武术中的"自强不息"精神激励着我们不断进取，超越自我。习武是一个长期而艰苦的过程，需要付出大量的汗水和努力。在这个过程中，我们需要不断地挑战自己的极限，克服各种困难和挫折。这种自强不息的精神，使习武之人具备了坚韧不拔的毅力和勇往直前的勇气，能够在面对生活中的各种挑战时，保持积极向上的态度，不断努力，追求自己的梦想和目标。

游泳：水中的探索与成长

　　游泳这项运动，体现了"水"的智慧。水，至柔至刚，能适应各种形状的容器，也能以强大的力量冲破阻碍。在游泳中，我们需要顺应水的力量，学会与水和谐相处。当我们跳入水中，身体会受到水的浮力和阻力的影响。如果我们强行对抗水的力量，不仅会消耗大量的体力，而且很难前进。相反，如果我们能够放松身体，利用水的浮力，掌握好呼吸和划水的节奏，就能够轻松地在水中游动。这告诉我们，在生活中，我们也应该学会顺应自然规律，尊重客观事实，不要盲目地与困难和挫折对抗，而是要善于寻找解决问题的方法，以柔克刚，以智取胜。

　　游泳能够培养我们"坚持不懈"的精神。游泳是一项需要耐力和毅力的运动。在游泳的过程中，我们需要不断地重复划水和呼吸的动作，克服身体的疲劳和心理的压力。尤其是在长距离游泳中，更需要我们有坚定的信念和顽强的意志，才能坚持到终点。这种坚持不懈的精神，使我们在面对生活中的各种困难和挑战时，不会轻易放弃，而是会勇往直前，努力克服困难，实现自己的目标。

　　游泳还强调了"自我超越"的理念。在游泳中，我们总是在不断地挑战自己的极限，追求更快的速度和更远的距离。每一次的进步，都需要我们付出大量的努力和汗水。通过不断地挑战自己，我们能够发现自己的潜力，超越自己的能力，实现自我价值的提升。这种自我超越的精神，激励着我们在生活中不断进取，不断追求卓越，努力成为更好的自己。

　　游泳也体现了"动静结合"的哲学思想。在水中，我们的身体需要不断地运动、划水、踢腿，保持前进的动力。同时，我们也需要在适当的时候保持静止，调整呼吸，放松身体，为下一次的动作做好准备。这种动静结合的方式，让我们在游泳中能够更好地保持体力和精力，提高游泳的效率。在生活中，我们也应该学会把握好动静之间的平衡，在忙碌的工作和学习中，适当给自己留出一些休息和放松的时间，以更好地应对生活的挑战。

思考与练习

① 跆拳道运动的基本技术与战术有哪些？
② 练习完武术运动后，你身体有哪些变化？
③ 游泳时抽筋了怎么办？

参考文献

［1］闫俊杰，秦光宇，贾冲. 大学体育［M］. 南京：东南大学出版社，2020.
［2］张孔军. 大学体育实用教程［M］. 长春：吉林大学出版社，2022.
［3］黎年茂，韦江华. 大学体育与健康教育［M］. 北京：北京理工大学出版社，2022.
［4］崔世君，田磊，王铎霖，等. 大学体育与健康［M］. 北京：中国传媒大学出版社，2022.
［5］冯伟，李铎，刘超. 大学体育健康教程［M］. 苏州：苏州大学出版社，2021.
［6］张自治. 大学体育与健康教程［M］. 西安：陕西人民出版社，2021.
［7］仵美阳. 大学体育与健康［M］. 武汉：华中科技大学出版社，2021.
［8］贾明涛，刘凯，李翎. 新编大学体育与健康［M］. 重庆：重庆大学出版社，2020.
［9］刘利夫，方伟. 大学体育与健康［M］. 成都：电子科技大学出版社，2020.
［10］王德平，黄朕. 大学体育与健康教程［M］. 西安：西安电子科技大学出版社，2020.
［11］西安交通大学体育中心. 大学体育与体质健康［M］. 西安：西安交通大学出版社，2020.
［12］刘斌，马鑫. 新编大学体育与健康［M］. 成都：电子科技大学出版社，2020.
［13］张建龙，亢宇. 大学体育实践教程［M］. 上海：上海交大出版社，2020.
［14］黎玉浓，吴振，刘少华. 大学体育与健康项目教程［M］. 北京：北京理工大学出版社，2021.
［15］罗燕. 大学体育与健康［M］. 成都：电子科技大学出版社，2019.
［16］周鸿，段永刚. 大学体育与健康教程［M］. 西安：西北大学出版社，2019.
［17］文渭河，杜清锋，杨杰. 当代大学体育健康教程［M］. 长春：吉林人民出版社，2020.
［18］郑砚龙，肖祥，曾文波. 大学体育与健康实用教程［M］. 天津：天津科学技术出版社，2020.
［19］郑焕然. 大学体育文化与运动教程［M］. 北京：北京理工大学出版社，2020.
［20］胡锐，张华，邓雁方. 新时代大学体育与健康教程［M］. 上海：上海交通大学出版社，2022.